20 世纪中国图书馆学文库·18

乡村巡回文库经营法

赵建勋 编

图书馆建筑与设备

赵福来 著

圕 国家圖書館出版社

乡村巡回文库经营法

赵建勋 编

本书据商务印书馆 1935 年版排印

凡　例

一　本书内容注重经营方法及实施步骤,对于理论
　　方面力求从略。

二　本书对于文库之图书管理方法,依据图书管理
　　学基本原则,力谋简单实用,以期推行乡村图书
　　教育之便利。

三　本书所述实施步骤及经营方法,均系作者在乡
　　间服务时实验所得。

四　作者经营文库关于实施方法,除根据乡村社会
　　情形以适合环境需要为原则外,对于图书馆学
　　及乡村教育书籍兼有参考之处。

五　乡村巡回文库在我国为萌芽时代,故经营方法
　　上缺乏实际的参考材料,本书所述各种实施方
　　法,虽经过相当实验期间,亦恐难臻完善境地,
　　尚望从事乡村图书教育同志加以教正。

六　本书及作者经营乡村文库时主要参考书籍:

杨昭悊编著 《图书馆学》

江苏省立南京民众教育馆编 《民众教育季刊》之《民众图书馆学专号》

王云五著 《中外图书统一分类法》

汤茂如主编 《定县农民教育》

李景汉著 《实地社会调查方法》

目　次

一　绪言

图书馆教育,已成为现代教育中重要的方法之一。考查它这种发达的原因,决不是由于偶然的。我们要想使教育普及,民众的知识提高,图书馆教育实在是有力的设施。因为图书教育所包括各种的学科,可以令人自由的求教,它的教育范围,不分年龄的长幼,程度的高低;它的对象是全民的,不管任何人全能够享受教育均等的机会,而得到生活上思想上各种的知识。

图书馆教育的力量,既然如此的重大,那么在教育未能普及的我国,当前确有求其普遍设施的必要。尤其在乡村里面,一般的民众知识低陋,思想蔽塞,以至使生活上的知能无所进步。虽然有的乡民感觉读书的需要,可是为了生活的重担,便失了受教育的机会。更加我国乡村图书事业不发达,以至使广大农民群众的生活,陷在庸庸碌碌的地位。

我国近年图书馆事业,虽然由落后而走进倡兴的时代,但设施上大都偏重在都市。这种现象在普及图书教育上不能不说是畸形的发展。可是处在经济桎梏下的我国,要想使乡村图书馆普遍的设立,这种企图,事实上是不容易实现的。因此要想挽救这种缺陷推行图书教育,而得提高乡村的文化水准,那么只有举办巡回文库,才是唯一的捷径。

巡回文库的设施,不独在经营设备上比较办理图书馆经济得多,同时它所发生的教育效能,也不减于图书馆的。因为图书馆的设施,所处的地位是固定的,是期待于求教的,至于巡回文库的经营原则上正是相反,它是流动的,是迁就于求教的,是便于农民阅览图书的一种工具。因此只要经营得当,教育的力量便容易打进了农民的生活。

巡回文库事业的发达,在历史上虽然不长,可是在欧美各国,自从发现这宗方法之后,便努力推进这种事业;反视我国在各地图书馆和乡村民众教育馆,虽然也认识了这件工作的重要性,不过在经营的方法上仍在摸索之中,以至不能够尽量的发展。因此要办理这种事业,而缺乏经营方法上的知识和设备,也是乡村图书教育进步上很大的困难原因。

二 文库构造

图书用具的设备适用与否,对于事业效果,关系綦切,所以从事图书馆工作者,对于用具,须当细心的研究,所谓"工欲善其事,必先利其器"。文库的构造为经营巡回文库主要的设备,所以当构造的时候,必须预先细心的研究设计,才能够适用。在构造上面主要条件,最少要注意到以下的几点:

一、切合实用,

二、式样美观,

三、便于运输,

四、易于保管,

五、材料坚固,

六、需费低廉。

国内各地图书馆界,对于巡回文库的构造,尚无确定的标准,尺寸的大小颇不一致,兹根据经验,把文库构造的尺寸,开在后面,藉供参考。

一、高度五公寸,

二、长度七公寸，

三、宽度三公寸。

按照上面的尺寸构造，容量可庋放大小册图书二百册至二百五十册。如果以每二箱为一文库的单位，那么每一文库的书籍便有五百余册的数目。设若经营机关有设备四库的可能，巡回一周，那么凡是在巡回区域以内村庄的民众，便有读二千册书的机会。图书多的可以按着需要增加，图书少的可以尽着可能办理。利用这宗方式，能够把整个图书馆的书籍流通起来，变成乡村中的活图书馆。

文库的构造，虽是以能够充实内容为上，但是式样上也不可不加以讲求。不然制造粗陋，或重量过沈，不独失去美感，就是在巡回时的运输上也不便利。依着前面所说的造法，当中隔以

（文库图例）

木板，作成书格，使图书在内得依类排架。并在右上格制

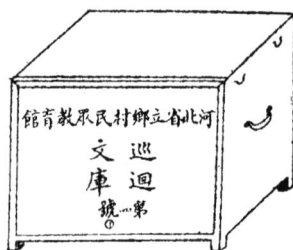

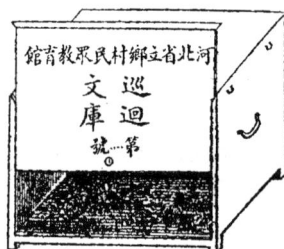

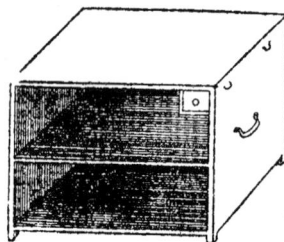

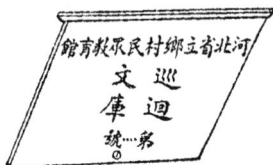

4

一卡片抽屉(其尺寸大小参考目录抽屉而作),为本文库图书卡片目录。库门用单扇木板作上下闸关式。开启口上加以暗锁,这样可以保管上严密。二箱如果叠置陈列,俨然一具精致的书橱。每一箱底四角制成一支脚,留一圆孔,以便穿系绳索,巡回时担着运输。

文库的使命既是在外面流动,当然要在馆的时间少,在外面的时间多。构造文库的时候,如果不预先对木料

上选择，以后便容易毁坏，这是要注意的。最好用松木制造比较坚固，不过需费稍嫌贵些，若从用费经济的原则下得到坚固耐久的材料，那是再好不过的。

文库造成之后，可在木板上涂加有颜色的漆油。但颜色如果用的过于鲜艳，容易失去外表的庄严，且经不了多久便容易脏污减色，普通以采褐色或灰色为最佳。库面上用白漆油，书写主管机关及文库号数等字样。字体应求工整，以使人容易辨认。文库上用这种颜色油漆，既可以保持时间耐久，还不至失去了朴素美的外观。

三　选择图书

在乡村里图书教育的对象，除少数的乡绅阶级和教师之流外，其余大部分农民群众的知识全很幼稚，同时也是真正需要乡村图书教育的对象。然而这些人对于图书的内容是没有鉴别和选读的能力，所以在选择图书的时候，要顾全对象阅读的能力，不可以主观的认识，忽略了读者程度的高低。

我国近年来各书局出版新书，有许多把书名上冠以"民众""大众"等字样，而实际内容的记载，却是非常的深奥，实在不是一般阅读能力低微的乡民所能了解。如果选择图书的时候稍不留意，阅读者便要发生种种的困难。不过图书之多浩如烟海，要想选择适宜也很不容易。但是对于乡民阅读的图书，最少要合乎以下的标准：

一、文字浅显，叙述明白；

二、能引起阅读的兴趣；

三、能灌输现代的知识；

四、定价低廉，版本完美。

要想达到前面几项的目的，一方面经营者平日要多留意各类图书的内容，参阅书评刊物，及对于各出版书店所出版书籍的价值如何能加以相当的体验才好。现在把选书时应用工具写在下面：

一、各书局书目，

二、各民众教育机关出版书目，

三、各民众图书馆书目，

四、各学术团体出版书目，

五、各报纸新书广告。

至于图书类别的分配，可依我国乡村民众生活的需要而定，总期从图书中使乡民得到生活上，思想上，知能的进步。

乡村巡回文库图书分类表

类别	辞典、字典、应用文	政治、法律、教育	自然科学	农业	医药卫生	历史（以表扬国族精神为主）	地理	艺术（以灌输公民教育通俗画册为主）	小说、剧本、鼓词	杂类	总计
百分比	5	10	10	15	5	8	5	6	30	6	100

四 图书分类

　　图书分类是管理图书上一件基本工作:离了它使图书在用途上便不能表现各学科特具的功用,有它才能使各类的图书一致,条理并然;反之,图书便要混乱,失去管理上的意义。不过采取分类法最大的原则,要以适用为目的才是。

　　我国图书馆界所使用的分类法,有从西文翻译的,有国内学者编著的,其中若求一本完善的,尤其是适合民众图书分类的,很不容易找到。因为民众图书馆的效用与一般的或专门的图书馆不同。所以在分类法上也要求其简明易于取用。至于巡回文库对于图书分类,自然不能够逃出图书管理学上的原理而不用。但在图书上只要能够依其各种学科分成大类便可应用,以便文库在巡回期内,使代办处所不至感觉管理上繁难。

　　设若经营机关不愿将原有图书另行分类,只要其原有的分类能够适用,就可以依据原来的类别,不必另行再做分类的工作,这是于时间和人力上,可以节省的地方。

现下各地民众图书馆所用的分类法,多采用王云五著《中外图书统一分类法》,此分类法系根据美国杜威氏(Dewey)十进分类法(Decimal classification)而成。不过对于中国固有的文化在类码上另谋了容纳的方法。十进分类法的类码简单,图书少的用着方便,图书多了的时候,可以依其十进的方法增加。若用在巡回文库上的图书分类,还可适用。现将十进分类法总目列后:

杜氏十进分类法总目

〇〇〇　总目

　〇一〇书目

　〇二〇图书馆学

　〇三〇百科全书、类书

　〇四〇丛书

　〇五〇杂志、定期刊

　〇六〇学会出版物

　〇七〇新闻纸

　〇八〇特殊文库

　〇九〇珍本

一〇〇　哲学

　一一〇纯正哲学

　一二〇形而上学

　一三〇心身、人体学

　一四〇哲学系派

一五〇 心理学

一六〇 论理学

一七〇 伦理学

一八〇 古代哲学家

一九〇 现代哲学家

二〇〇　宗教

二一〇 自然神学

二二〇 经典

二三〇 教理神学

二四〇 神及信仰

二五〇 传道

二六〇 教会制度及工作

二七〇 宗教史

二八〇 耶教会及派别

二九〇 神话及其他各教

三〇〇　社会学

三一〇 统计学

三二〇 政治学

三三〇 经济学

三四〇 法律

三五〇 行政

三六〇 社团及协会

三七〇 教育

三八〇 商业及交通

三九〇 风俗

四〇〇　语文学

四一〇 比较语文学

四二〇 英国语文学

四三〇 日本语文学

四四〇 法兰西语文学

四五〇 意大利语文学

四六〇 西班牙语文学

四七〇 拉丁语文学

四八〇 希腊语文学

四九〇 其他各国语文学

五〇〇　自然科学

五一〇 数学

五二〇 天文学

五三〇 物理学

五四〇 化学

五五〇 地质学

五六〇 古生物学

五七〇 生物学,考古学

五八〇 植物学

五九〇 动物学

六〇〇　应用技术

六一〇医学

六二〇工学

六三〇农学

六四〇家政

六五〇商业实践

六六〇化学工业

六七〇制造

六八〇工艺

六九〇建筑

七〇〇　美术

七一〇风景园艺

七二〇建筑术

七三〇雕刻

七四〇图案,装饰

七五〇绘画

七六〇印刷雕版

七七〇摄影学

七八〇音乐

七九〇娱乐

八〇〇　文学

八一〇美国文学

八二〇英国文学

八三〇德意志文学

五　编目

　　图书编目大概可分为二种，一是书本式，一是卡片式。前者的编制费时易于保存，后者的编制省事易于检查。但一般民众检查书籍的习惯，多乐意用书本式的，因此有许多民众图书馆二者兼制。不过这种办法在巡回文库上便不怎么适宜，因为文库巡回了一个相当时期，里面的图书便须更换。如果每一文库出发的时候便要编制一册书本式的目录，那么对于工作的进展上时间太不经济。同时文库的书籍数量少，在流通的时候，可以直接的看到各种书籍、目录与读者之间的关系，便要比在图书馆里减少效用。因此编制巡回文库的目录，还是卡片式的适宜。对每一册书籍只须写制书名卡片二张，一张留作文库书籍在外面巡回时候的存根，一张放进文库目录抽屉里，等文库归还更换图书的时候，其卡片可取出来一张编入总目录内，一张仍归作书架目录里（Shelf list）。如果是原有书籍拨入文库，那么把原有的卡片取出来，按照前面的方法用便可以了。

　　如果要现写卡片往文库里面排编，在卡片上面除去写书名著者出版处等项外,最好能够把实价及附近市镇有没有代售的地方也详细的列上。往往乡民想自己买文库里面的一种书籍,而不知道出售地点无从买到,这也是由于交通不便阻碍乡村文化的原因。

文库目录既然只用一张书名卡,在编排上便无须用索引法,只按着图书的类码系统排列便成。每类类名在指引卡上标题。但是有的类名意思深,使读者不明白所包括的图书是什么,那么一方面要多作小类类名标题,一方面要在类名标题下作注解的工作,把名词上所包括的意思使检查目录者,得到一个正确的解释,同时在用具上也可以给对方一个接触教育的机会。可是关于注解这件工作也不是容易。用很少的字要把名词解释清楚,这样在注解每一个名词的时候,全要用一番工夫,一方面可以利用各科辞典参考解释,一方面能以事实举例更好。把注解出来的文字写在指引卡片上空白地方。名词与注解的相隔之间,可用红色笔划成引视线,以便引起检查目录时候的注意。

书名卡片

		食物卫生
		张銮著 民国廿年,商务印书馆出版,一册价洋二角。 杨村镇久亨源号代售。 〇

指引卡片

义 党

就是政党的主义。三民主义,就是中国国民党的主义。

〇

六　巡回路线的规定

凡是进行一件事业，必须先要明了客观环境和本身的力量，才容易使事业得到一种具体效果。关于巡回文库的推行，也应当预先注意到这几层。图书的数量有多少，人才上够不够分配，全要有一个估计。不然，施教的目标只求广泛，而限于人才和工具的力量不足，反使事业上努力的结果失之散漫，求不出来一个具体的效果。因此经营巡回文库，要把目标认清，集中图书的力量。对于巡回的范围，应有一个规定，同时对于客观的环境也要明了才好。文库停留的村庄，人口有多少，教育情况如何，距离经营机关路程，需要的缓急，全必须有个概况的调查。这对于事业前途的发展上，是有很大的关系。

文库巡回的村庄，最好能够分布在经营机关的四周，在视导上和巡回时的次序上，全很方便。

决定了巡回路线的范围，和停留的村庄之后，可把巡回村庄及路线，绘成图表，以便为工作上随时的参考，同推行教育的范围。

实施巡回文库各村概况调查表

村名＿＿＿＿ 距馆址里数＿＿＿＿ 方向＿＿＿＿ 街道
＿＿＿＿庙宇＿＿＿＿ 乡公所地址＿＿＿＿ 全村户口＿＿＿＿

人口＿＿＿＿ 村长＿＿＿＿ 村副＿＿＿＿ 学董＿＿＿＿

学校名称及种类

  1 初级小学＿＿＿＿ 2 高级小学＿＿＿＿

  3 女学＿＿＿＿ 4 民众学校＿＿＿＿

学校地址＿＿＿＿ 校舍＿＿＿＿

教员姓名＿＿＿＿ 籍贯＿＿＿＿ 资格＿＿＿＿ 报酬＿＿＿＿

杂货店＿＿＿＿ 茶酒肆＿＿＿＿

公共场所＿＿＿＿ 自治情形＿＿＿＿ 经济概况＿＿＿＿

距邻村路程＿＿＿＿ 村名＿＿＿＿ 是否共同办公＿＿＿＿

对教育态度＿＿＿＿ 调查时接谈人＿＿＿＿

                      年＿＿＿＿ 月＿＿＿＿ 日

（巡回路线图例）

河北省立乡村

民众教育馆巡回文库巡回路线图

图例

□ 馆址 →巡回路线
○ 主村 ……图书流通线
● 联村 ▶停留处所

七　代办处所

文库代办处所,关系全部工作的设施。图书为乡村中能否流通的发达,全要看代办人是否热心从事。国内各图书机关,经营巡回文库,大半全委托在当地各学校代办。不过在教育落后的乡村,有的二三个村庄才合办一处小学,至于教师的数目不过一两个人担任,对于本身的职务已经不胜其繁,若再将文库委托代办,事实上很难顾全周到,而且乡村民气不开,有很多乡民对于学校仍存着一种"学校重地"的观念,一旦令他和教育人员接近,便感觉怪不自然的。这样便影响了图书尽量流通的意义。巡回文库虽然已竟深入了农村,还不能使图书普遍的打进农民群众里去。可是在乡村除去学校之外,再找适当的地方代办也不是件容易的事情。在这种情形之下,最好的办法就是在各村里能够组织起来农民读书会(见十三节)。如此办法,可以使文库交给农民管理,在设施上,主管机关的指导,对方也容易接受,同时还可以培养农民一种"团体观念和自动"精神。

文库既由农民代办,在出借图书的时候,读者与管理者之间,便无身份意识存在,也就是使图书能够得到尽量的流通。设若当地的学校热心这种事业,或者因为组织读书会不易,那么斟酌情形办理,也未尝不可。但文库无论委托任何处所代办,全必须要履行以下各点:

一、各村代办处所,务须遵守主管机关规定文库停留期限。

二、文库到达各村时,由代办处所负责人详细填写接交报告单,二日内具报主管机关。

三、文库到村后,代办处所应将文库内容及到达消息,用简单文字在本村及联村宣传。

四、各代办处所可斟酌本村情形,规定图书流通时间,商承主管机关同意后,在村内公布。

五、每日流通图书时间,最少应在三小时以上。

六、文库巡回时,由代办处所负责担运。

七、文库图书及用具等物,如有遗失损毁,由代办处所负责赔偿。

八、代办处所,须将文库停留日期内,每日流通各类图书,详记所备登记册。

关于文库停留地点,总要选择能够和乡民日常生活容易接触的地方才好,不可处境偏僻,或者使乡民感受任何方面的拘束,合乎这种条件的地方,可从下面所列的处所去找：

　　一、茶馆，

　　二、庙宇，

　　三、村公共场所。

八　文库出发前注意事项

　　文库内容整理完毕之后,在巡回期内应用的表册必须预备齐全,目录卡片与书籍更要——的核对,数目是否相符,图书及用具有无损毁及残缺的地方。这时候全要仔细的检点,以免后来发生责任问题。如果对于前面各项点查之后,图书的数目和目录卡片全都相符,应用物品也都备齐,那么这时候除去填写接交报告单(格式见第九节)之外,将所有图书和物品的数目,用卡片逐项缮写清楚,为每一文库财产之登记。同样可写二张,一张主管机关存查,一张排入文库目录屉里最后边,并用指导卡片标明"本文库图书及物品数目"。这张卡片的功用,一方面主管机关可以作某文库出发后财产上的记载,同时代办机关接交的时候,也可以与移交单互为核对有无错误。

　　文库巡回时,除用具外,应由主管机关备制下列各种表册。

　　一、阅览图书记载簿。

（文库财产记载卡举例）

	巡回文库图书及物品数目记载总卡	
	文库共二箱,内各类图书共　　　册	
	计:	
	000 类　　册	500 类　　册
	100 类　　册	600 类　　册
	200 类　　册	700 类　　册
	300 类　　册	800 类　　册
	400 类　　册	900 类　　册
	○	
		接第二卡

	巡回文库图书及物品数目记载总卡　　（第二卡）	
	应用表册及物品	
	计:	
	目录卡片共　　张　　　书撑　　件	
	巡回文库日志　册　　　钥匙　　柄	
	阅览图书记载簿　　册	
	文库接交报告单　　册	
	扁担一条	
	麻绳二条	
	○　　　　　　经手人	

如一张卡片记载不完,可续写一张,此卡片即一例。

二、文库各村巡回时日志表。

三、巡回文库接交报告单（见第九节）。

文库阅览图书记载簿

村　名	书号	书　　名	册数	借书人	职业	住　址	借书日期

文库巡回日志表

今日天气＿＿＿＿借书时间从＿午＿时起到＿＿＿＿

时止

借书人数＿＿＿＿借出去的书有＿＿＿＿册

看那些书的人数多＿＿＿＿＿＿＿＿＿＿

那些书有人看不懂＿＿＿＿＿＿＿＿＿

借书的时候发生什末困难没有＿＿＿＿＿＿

损毁图书没有＿＿＿＿＿＿＿＿＿＿

其他的事项＿＿＿＿＿＿＿＿＿＿

管理人＿＿＿＿＿＿

年　月　日

26

九　文库巡回时接交及运输

　　文库规定巡回日期后,须于前二日通知代办处所。随同文库出发时,将书籍物品可详细填写接交报告单内,移交经手人并应签名盖章。接交处所接到通知后,派人持着印鉴前来领取。最好领取人当时能够将书籍物品点查清楚。不然在运回二日内,接收机关的负责人,也要将接交单内规定各项填清,报告主管机关。以后由甲村停留期满再往乙村巡回的时候,也依着这样办法。接收处所将接收情形报告于主管机关,这样可以使经营者,随时的知道各文库在外面巡回时情形。那么图书及物品纵然有损毁的事情发生,接到报告单后,可根据着报告情形前去查看。应当由某方负责,也就不难知道。比较起每一文库巡回的时候,便要前往监视着接交便利多了。

巡回文库接交报告单

文库号数	
图书册数	
表册物品	
接交日期	
接交情形	
移交机关	负责人签名盖章
接管机关	负责人签名盖章
备　注	

此单经接管机关将图书物品点查清楚由负责人签名盖章送交主管机关存查

十　视导

文库出发后,它的全部生命便操在代办人的身上。如果对于图书流通事项,和管理文库的地方上,没有适当的指导,只听其自然的交给代办人去作,事实上恐怕难得满意的结果。而且对于设施上是否得当,工具是否合用,图书的内容能不能适合乡民生活的需要,这些事全要经营者随时的亲自考查体验,才能够得到改进上的方针。不然,仅凭着代办人的报告,而没有一个深刻的认识,是很难发现真实的材料。关于图书管理方法,也要对代办人随时的加以指导,然后才能得到良好的效果。

根据这些需要,那么每一文库在各村停留的时间内,最少每周要去视导一次。每次视导的时间,必须在规定的流通时间内二小时以上才好,以便从实际的观察上接触上,发现各种的问题。现在把视导员每次视导时候应尽的任务,写在后面:

一　视察方面

(一)文库放置地点是否合宜,

(二)代办人对读者的态度,

（三）乡民借书时候的情形，

（四）流通时间是否与规定相符，

（五）图书物品有无损坏，

（六）乡民对于文库的意见和希望。

二　指导方面

（一）流通图书的宣传，

（二）关于图书的管理，

（三）文库的保管，

（四）对读者的态度，

（五）表册的填写。

前面所举不过是比较重要的几点，其余视察所得，可依着客观的情形加以指导，同时视导员每次视导的经过情形，应当详细的记录下来，作为研究推行乡村图书教育的材料。

十一　文库归还后注意事项

每一文库巡回各村完毕时,当归还于主管机关。主管机关于归还的时候对于图书及物品,全要根据着出发时候的各种存根卡片一一的核对。图书的数目是否相符,有无残缺及毁损的地方,每册均须施以严密的检查。如果书籍及物品,全都没有错误,那么把文库里面目录卡片取出来,便可以编入总目录里面去,所有的图书也可以依类的归架。至于以后此文库再出发的时候,除少数的辞典字典等参考书籍外,文库的内容,须另行更换。万一因为图书的数量少,而不能全部的实现这种办法,也应当尽着可能的范围内把原来的书籍加以改换。不然,文库里面只用一部分固定的图书,在各村常久的巡回,是最容易减少读者的兴趣,而发生一种呆板陈旧的观念。要想使图书能够流通上发达,要想增高活图书馆的效能,对于这一点必要特别的留意。

十二　统计

　　每一文库巡回一周后,对于所巡回的村庄及停留的期限,全要详细的记载。至于流通的图书数目,和书籍的种类,应分别制成统计及比较表。这种办法一方面可以表现整个文库活动的情形,同时也是研究乡民读物一个基本的科学方法。其中关于流通图书分类统计表,尤为重要。因为要想改善乡民的生活思想,先要知道他们阅读的好尚,而后才能够收对症下药的功效。但无论作那一种统计的时候,务须求其详确,方能得到真实的结果,否则便失去了统计工作的真意义。现在将村单位借阅图书统计表举例于后:

村第＿＿＿巡回文库借阅各类图书统计表

类别	辞典字典	公民	应用文	政治	法律	教育	自然科学	农业	医药	卫生	历史	地理	新小说	旧小说	剧本	鼓词	其他	总计
册数																		
备注																		

＿＿＿＿＿＿年＿＿＿月＿＿＿日

十三　读书会的组织和训练

巡回文库在乡村社会式教育中,既然占很重要的地位,那么应当使他尽量的发挥功能,对乡村社会的文化上,建设上,得到一种实际的力量。如此便要扩大它活动的范围,和用图书作工具,来从事组织和训练的工作。以语文教育为出发点,而变成乡村建设的公民训练。在前所说的组织农民读书会(第七节)便是完成这种目的的一个方式。但是这种工作在乡间开始作起的时候,也有许多的困难。在进行的时候,外须要有适当的步骤,用各种的方法先要取得地方上的了解,以至引起同情的拥护,才容易进行。至组织和训练上也要先有精密的计划,才能够引导乡民走到新的方向,使每一个读书会员而成为乡村中文化的推行者。现将组织农民读书会的进行步骤,及训练办法,择要分列于后:

一　进行步骤

(一)宣传:根据乡村文化低落的情形,及农民的生活习惯,以事实为例,解释读书之重要,而引起组织读书会之动机,其宣传方法约分二种:

1 利用挂图及游艺用品分赴各村当众讲演。

2 利用浅白的标语或传单在各村内黏贴,作为文字的宣传。

(二)联络当地乡长副及小学教员或热心教育人士,帮助征求会员。

(三)制定读书会简章及会员入会表,委托当地小学教师或热心教育人士,代行登记入会事项。

二 组织要点

(一)订定村读书会简章。

(二)规定会员入会手续及资格。

(三)每会须公举会员二人为正副会长,负总理会务之责。

(四)订定各村会员公约。

(五)依据各村实际情形规定例会日期及时间。

(六)选觅集会场所。

(七)会员如有品行不端影响会务,应规定惩戒办法。

(八)每村读书会由主管机关颁发应用戳记及表册。

(九)由主管机关函聘各该村领袖人物为读书会名义指导员。

三 初步训练

(一)开会方法:

1 每次开会时由正副会长或值日员负责召集全体会员出席。

2 每次开会由正副会长或会员轮流充任主席。

3 每次开会由主管机关视导员列席指导。

（二）会议范围：

1 报告读书经过。

2 讨论问题。

3 会务建议。

4 主席报告会务及活动概况。

5 视导员报告（指导会务，讲述学术问题，报告国际国内重要新闻）。

（三）指导自修：

1 公民。

2 自修方法（如参考书使用，检字法，读书等法）。

3 写作方法。

4 介绍科学的农业常识。

5 卫生常识。

6 其他。

（四）会员活动：

1 管理巡回文库。

2 设立问字处。

3 设立代笔处。

4 书写本村壁报。

5 辅导本村民众教育之推进（如帮助村民众学校招生或创办简易识字班等）。

6 提倡戒除不良嗜好等会（如拒毒，戒赌，息讼等会）。

7 成立各种正当娱乐会。

8 辅助本村公益事项（如卫生，修路）。

9 提倡各种合作事业。

10 参加主管机关实施各种教育之推行。

十四　附录

巡回文库暂行规程(民国十八年教育部公布)

第一条　各县巡回文库,隶属于公共图书馆或通俗教育馆。前项巡回文库,如在公共图书馆及通俗教育馆尚未成立县份,得单独组织,暂隶属于县教育局。

第二条　巡回文库依所隶属机关之名称定名为某县某馆附设第几巡回文库。

前项巡回文库隶属于县教育局时,定名为某县教育局附设第几巡回文库。

第三条　巡回文库每库设管理员一人,以所隶属机关原有管理图书人员轮任之,遇必要时,得酌用工役一人,以司输运。

前项巡回文库,隶属于县教育局时,其管理员另行聘任。

第四条　巡回文库每月巡回时,应将巡回区域日期时间借书处,先期列表,分别通报巡回地之群众,及所隶属机关,其表式另订之。

第五条　巡回文库不得征收阅览费。

第六条　巡回文库于巡回时,得置备手风琴、留声机、活动影片等,并从事讲演,以引起民众识字阅书之动机。

第七条　巡回文库管理员,每月月终及年度终了时,应将办理事项,制成各项统计报告于其隶属机关。

第八条　巡回文库管理员,依路程远近,酌支相当旅费,实报实销。

第九条　巡回文库之巡回办法,及各项细则,由各县斟酌情形订定之。

第十条　本规程自公布日施行。

图书馆建筑
与设备

赵福来 著

本书据武昌文华图书馆学专科学校 1935 年版排印

目　　次

1

沈 序

图书馆的建筑与设备,好比人们的身体,图书馆内的书籍与办事人员,好比人们精神。语云,健全的精神,寓于健全的身体;所以我们想得到合宜的图书馆的功用和效果,对于图书馆的建筑与设备,亟应特别加以注意。我国人读书作事向来不大讲究所在的地方,但一提到读书就会联想到窗明几净,可见读书之地位与设备,仍是非常重要的。

欧美各国,尤其是美国,他们的图书馆事业较之我国,进步甚多。图书馆内部人员的组织,图书之管理,研精覃思,法良意美,自不待言。对于图书馆建筑一端亦多所努力。所出版关于这方面的专书,杂志上的论文以及各专家口头上的提倡讲演讨论,随处都是。所以他们的图书馆建设起来,合用的很多,而不合用的很少。我国的图书馆虽说是发达很迟不及欧美进步,但近年来,国立省立市立以及著名之公私立大学图书馆,以余闻见所及,新建者尚属不少。至于应用起来,不但照我们的眼光看似乎有些缺点，即就各馆当事人实际应用之后所言，亦多云不合实用。研究起来这其间最重要的原因有两点。

　　第一关于建筑方面工程师与图书馆长未能十分合作。图书馆建筑的原则是坚固美观和适用。要坚固和美观，工程师不须馆长的帮助都可以办得到；要适用就非要馆长与工程师切实商酌不可。所谓合用，不单是读者方面合用，还要在行政管理方面合用。我国新建图书馆之所以不合用，多半因为我们的工程师和馆长在这方面，没有作到和衷共济的程度。第二关于设备方面，或则因为馆长自己并没有加以充分的注意；或则因为国内对于作制图书馆各种设备的匠人没有经验；或则因为图书馆设备，根本就不归馆长计划，如大学图书馆的设备，多归大学庶务办理。你想这如何能适用呢？

　　同学赵君福来，以所著图书馆建筑与设备一书在本校出版，并要我作序，我阅此书对于图书馆建筑与设备之理论实施，阐述颇为扼要。并且赵君从前系专研究建筑学者，所制图样均经切实考度。书后所附参考书亦颇详尽，有志深造的人，还可以作一个很好的指引，因此乐为之序。中华民国二十四年二月一日沈祖荣序于武昌文华图书馆学专科学校。

自　序

著者在武昌文华图书馆专科学校肄业时,对于图书馆建筑与设备,很有浓厚的兴趣。所以在课余之暇,就从事于这类材料的编辑。差不多经过一年多的时间,才完成了这本小册。这当然不是完善的作品,只不过根据著者以往研究建筑学和木工学一点经验,去应用在图书馆学术上,使阅者知道图书馆建筑与普通建筑的目的和用法并不相同;图书馆建筑对于行政效用上,也很有密切的关系罢了。

照图书馆三个基本要素来说,建筑就是其中主要的一个。此外与建筑有关系的,要算是家具的设备了。在目下图书馆事业进展的时期中,就以一九三四年之中新建筑图书馆者,不下数十所,其建筑费之总额,约三四百万元之谱。由是以观,更有特别倡导如何建筑图书馆的必要。这就是著者编述本书的旨趣所在。

著者学识浅陋,书中谬误之处,自属难免;又因职务羁身,不能尽力的多搜集材料。本拟暂不出版,俟将来材料较多，内容较为充实的时候，再行问世，以免遗笑大方。后因母校刊行丛书，命即将全稿送校发表，著者踌躇再三，才把原稿又加以整理，送请母校付印。所幸国内还没有关于图书馆建筑与设备的专书，著者正可藉此机会发表拙著，作为是引玉之一助。至书中谬误之处，还求海内高明，加以指正。中华民国廿四年一月廿五日著者序于河北定县中华平民教育促进会图书馆。

凡　　例

一　本书内容计分四编,一至三编为图书馆建筑与
　　家具,第四编为图书馆用品,藉供经营图书馆者
　　之参考。

二　本书为求读者明了起见,除讲述理论外,特附有
　　插图百余幅,多出著者之设计。

三　本书卷末附有图书馆建筑与设备参考书目,可
　　供读者研究参考之用。原拟附全国图书馆建筑
　　平面图等项,藉便观摩,惟因搜集不多,又无暇
　　亲赴各地考察,此时只好暂缺,容后补制。

四　本书承沈绍期毛体六查修梅诸先生之指导,谨
　　志于此,用表谢意。

第一篇　图书馆建筑方法概论

第一章　图书馆建筑与藏书史

我们要考图书馆建筑史,必先知道藏书楼的来源,溯古征今,就可知道图书馆的进化,以及图书馆的建筑。最古的图书馆,在埃及,希腊,罗马,巴比伦,其中以亚力山大图书馆为最大。罗马的图书馆,多设于宫殿,或寺院,官厅及学校等处,为图书馆储藏所。外面虽然庄严雄大,内容却和图书馆的构造完全不同,使利用图书馆的人和处理图书馆的人都感不便,但是当时并没有改良的方法。在六七世纪时,图书馆运动开始,在英国爱尔兰的僧寺,为首创的图书馆。到了十三世纪时,书籍才储藏于室内,书架多设壁上,到了十五六世纪,图书馆开始改革。到十七与十九世纪,图书馆颇有进步,一方面因图书馆学渐成专科,一方面因图书馆员积有经验才知道图书馆建筑和别的建筑目的用法都不相同,所以特别倡导图书馆建筑。那时所有凹壁式的图书馆(Alcove)现仍存在于牛津之白里昂(Bodleian)。于1835—1850年多半有公立图书馆和学校图书馆。到了1900年有康乃基(Carnegie)捐助巨资,建造公立图书馆,所以于1889—1911年有2,062公立图书馆建筑兴造起来,学校的图书馆约有115所。但是到了二十世纪,欧洲的图书馆,发展很快,详细统计,列下表,追溯它的起源。英国的第一个图书馆,是为穷苦失学的儿童而设,也没有什么正当的馆舍,多在庙宇内。美国国会图书馆也是由一个小存书室,而渐渐改良到现在雄壮华严,冠冕堂皇,防火险的图书馆。图书馆注重建筑,欧洲各国倡导较早。十九世纪,大英博物馆图书馆馆长巴利兹氏和德国的哈列大学图书馆馆长铎维氏首先提倡改良图书馆建筑。巴利兹氏发明圆形式中央阅览室。1856年,把大英博物馆改造。1876年,铎维氏也提议改造哈列大学图书馆,并改良管理法,以后这种目的达到,哈列大学图书馆在德国图书馆界才有特别声誉。美国图书馆发达较迟,十九世纪末尾,才有完备的建筑,但是美国人民勇于进取,对于图书馆建筑本是步英国后尘,不到卅年工夫,图书馆的改造和新筑数目很多,并且最能独出心裁,使世人惊讶羡慕,欧洲各国反去效法。即如英国以前,以为大英博物馆是国内惟一图书馆,曾投许多金钱,加以改造,后来因为看见美国图书馆建筑的宏壮华严,也渐渐改造。又如德国也是这样,把柏林王立图书馆大加改造,可见美国图书馆建筑影响的大了。

日本的图书馆历史,自明治以后,有红叶文库,浅草堂文库,后来在东京上野公园,成立帝国图书馆。现在日

4

本的图书馆是很发展了,差不多全国各县各乡都有图书馆的设立(详见文华图书馆学季刊 V.4,No.2)。

中国图书馆的趋势,可分为三个时期。(1)保守时期。(2)被动时期。(3)自动时期。各国进化不同,大约东方的图书馆,还在第一第二时期之间,欧洲的图书馆,还在第二时期,美国的图书馆,可说在第二第三时期之间。我国图书馆,远肇于周代,老子为柱下史,保藏三皇五帝之书,是为图书馆的鼻祖,但在周代以前,纪元前六百六十八年,就有藏书之举,未载诸典籍就是了。

兹就中国五千年来收藏的处所和建造,略为排比,画以年代而略述之。

周代　周有周官外史氏掌三皇五典之书,自古诵称河图洛书,三坟五典,典之造字,从册在丌上,丌者尊阁之称也,因此即知有藏书之表示也。据史家所传,老子为周朝的守藏吏,一定搜集许多的书籍储藏一个地方,孔子周游列国,读了一百廿国的宝书。春秋战国时集书事业就甚发达,收藏之处所,就各项材料推测起来,大抵在地窖石室中,秦代典籍,多置壁中。

隋唐五代　隋书经籍志称,文帝炀帝,诏天下工书之士于秘书内补续残缺,经整理后的藏书,藏于宫中。文献通考称,初西京嘉则殿,有书卅七万卷,御本三万七千余卷,纳于东都修文殿,又写五十副本,于东都观文殿,东西厢构屋贮之,东屋藏甲乙,西屋藏丙丁。又聚魏以来古迹名画,于殿后起二台,东曰妙楷台,藏古迹,西曰宝迹台,藏古画。于观文殿为书室十四间,窗户床褥厨幔,咸为珍丽,每三间,开方户,垂锦幔,上有二飞仙,户外地中施机发,帝进书室,宫人执香炉前行,践机,则飞仙下,收幔而上,户及厨扉皆自启,出则复闭如故,是隋代不但辟专室以贮专书,其建筑亦甚进步了。艺文志称开元元年丽正殿置修书院于著作院后大明宫,光顺门外东都明福门外,皆创集贤书院。

宋　职官志称,宋初置三馆。文献通考谓,升龙门东北旧路院,别建三馆,改名为崇文院。玉海称此外复建太清楼于迎阳外院,以藏御墨迹等书,于后院建清殿藏书籍。玉海曰秘阁藏图书,国学藏经典,三馆藏史传,玉宸殿,四门殿,则藏经史之书。

元明　元明两代藏书之处所,在元曰编修所,曰经籍所,曰弘文院,曰奎章阁,曰艺文监,曰宣文阁。在明曰大本堂,曰文渊阁,曰内阁,曰皇史宬,曰通集库。

清　清代图书,较昔为富,公家藏书,在省府州县学宫,朝廷藏书之所,四库全书藏于七阁,于文华殿后建阁。奉天行宫建文溯阁。英法联军入北京,圆明园与文源阁同归一炬。到清末,才有图书馆的建设,但是数十年前的图书馆,是书籍的寝室,馆员的睡枕。因为都不是图书馆,是藏书室,所以它的建筑,也多不实用。不如现在之科学化,但是清之文渊阁,上下两层,纯为中国式建筑,雕刻极美(参见图书馆学季刊一卷一期)。明之天一阁,可说中国防火的图书馆建筑。全阁纯用砖甓,不用木植,所以不畏火烛,阁通六阁为一,而以书橱间之,取天一生水地六成之之义,故称天一阁。阁前略有池石,乾隆卅九年诏委寅著前往看房间制进之法及书架款式,故诏建七阁,参用其形式,这影响于后代图书馆的建筑颇多。

第二章　图书馆建筑的原则

第一节　设计

（甲）图书馆建筑，现已成建筑学上专门一科，也是组织图书馆三种要素之一。这三种要素，就是馆员，书籍，和建筑。按世纪大字典说，图书馆建筑学的要义有三：（1）"适用与方便"，（2）"宽大的建造，合于需要"，（3）"美观与艺术化"，若虚图装饰，则冠冕堂皇的走廊和楼梯，大的出纳处等，不独不能便利阅览人，反要阻碍许多事务。在设计图书馆建筑前，除以上三点须注意外，还要知道所建的图书馆性质，目的，环境，大小，财政和行政等，是否予读者方便，以及卫生等诸条件。各部分，如阅览室藏书室，务须力求合于图书馆学上之标准和尺码以及计算的公式。欲图书馆得到经济的改革，必首先有精细的设计不可。因为不只为建筑费，每年建筑物上的开销，更不可不事先虑到。

图书馆建筑有它一定的律例，若是依着做法做去，可以得到方法和理论上的效果，也可以称为一种艺术，因为要达到图书馆的目的,建筑的时候,要用艺术的思想,和有秩序的方法,去布置一切,科学和艺术合并起来,才能得有美满实用的建筑物实现。建筑图书馆的条件已如上述,此外仍要注意这三点,第一在卫生状况之下,不能容最多数的阅者和馆员,第二对于他们的安乐,要有相当的注意,第三能表示图书馆精神,内部,外部,都要整齐美观,这三个原则是无论那一种图书馆都是适合的而且对于将来图书馆建筑科学上,有什么新发展的布置和建筑方法,也可以包含在内,进行的方法,是很便当的。图书馆建筑费,譬如每年进款若干,二十五年后,图书馆内外,有否扩充的余地,因为图书馆事业,是继续的,是生长的,好比一棵树,要于每年生新叶。势必有扩大发展馆舍的机会和地位。

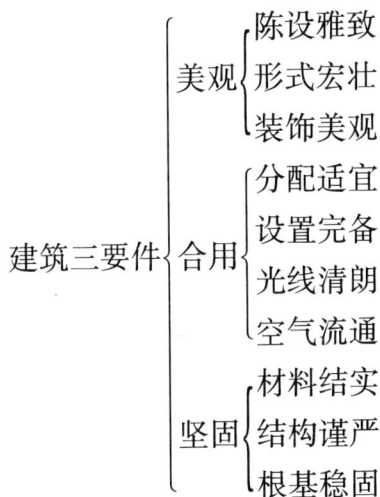

建筑三要件
- 美观
  - 陈设雅致
  - 形式宏壮
  - 装饰美观
- 合用
  - 分配适宜
  - 设置完备
  - 光线清朗
  - 空气流通
- 坚固
  - 材料结实
  - 结构谨严
  - 根基稳固

（乙）设计的方法，照 Winson 说，"要紧密的布置，以省地面，短的距离，以经济时间，如何方可减轻行政费用。"当计划平面图时，尤须注意书架，家具，各部分配，现有之建筑费，扩充费，然后定建筑之大小，形状，方向，以及大门，甬道，楼梯，屋顶等处。利用空处，使不致多留余地。如楼梯下，可作小储藏室，其他隅角处，皆当尽量利用。

设计图书馆建筑时，不可盲目抄袭他种图样，固然可以多参观别种图书馆，作参考资料。图书馆须由内部计划，为馆长者，当与工程师和委员，详细接洽规划，切不可贸然从事。宜由内部各细小部分着手。工程师无非是于建筑方面陈述意见，但是馆员与委员，能负分配各处的实用才好。

Dana 说"图书馆建筑须设立在该处中央地方，广大的馆舍，明亮的光线，是基本的要素。外观须俟内部详细拟妥后，再为计议。平面图较重要于立体图。"

（丙）凡欲建筑图书馆者，在实施前，应先聘请有图书馆专门学识和有经验的人，担任馆长，计划指导一切，但在建立新馆应注意的，就是不可太急，须筹划完备，图样审定，一切需要，通盘计划完善，对于地面土性材料品质，当有精密预算。至于购书，以及一切的方法，全为第一要务。图书馆是为需要而建筑的，若没有书籍，没有阅者，而先行建筑，就是不经济的事。假如欲建筑新馆舍时，不必等到馆落成,可暂租房一所,先行开馆,一定可以慢慢得着许多实际的经验。再可组织建筑委员会,再进行新馆,馆长可预算每年入款进款的方法,按各地情形而异,有由政府拨款的,或由地方教育厅补助的,或由人捐赠基金,或抽税等法。有了建筑费若干,再估计地盘的小容。第一步照常年经费与阅者多少为标准,应设几部,馆员几位,共有几层楼,每层多高。至于开办费的预算,都是很难的,大约图书馆建筑费外,就是书籍的设备,简单说,百分之六十为建筑费,百分之卅为购书费,百分之十为设备费。当然工程师和委员会,馆长,一同商量,在某种经济范围之下,应建造何种的图书馆,与多大地基。计算之法,以立方尺计算为宜。每层共用若干立方尺,就可斟酌分配各室之大小。立方尺估价不一,因用料的不同,地方运输的情形而异,故每立方尺的价,亦难得其指教。大概在中国,用普通建筑法,约 $20 为立方尺价,若照方丈算,每方约二百五十七元。照康乃康图书馆建筑预算案,再加百分之十为家具设备之用,即可推算该建筑物用款若干也。

计算立方尺的方法,应由墙外线量其地方面积,高度由地窖至屋顶,到房檐中间。再者建筑新馆舍,不仅第一次建筑费,即将来的修理费打扫等费,亦当早为预料也。

(丁)图书馆内外的形质,务求朴实,美观,并有以表示图书馆精神和特点。但是外观也不要过于装饰,只求达到悦目不讨厌已足。如阅览室之装饰,可稍为审美化,艺术化一点,以增加读者阅览之兴趣,可用图案式的天花板。对于水火潮湿寒暑,应有积极的防御方法,最好图书馆建筑,应由保险公司保险。建筑中粉墙,是不容易的,室内的配色与光线,室之用途,和潮湿颇有关系,普通以淡绿为好的色彩,求其悦目雅洁。遇有稍暗的房间,宜用淡黄色,天花板白色或淡灰色,木器以淡色或橄榄色为佳,不可用黑墙黑木器。绿和黄,淡棕色,黄褐色,均感美观。最要在配色时,要合乎情理,就是不可用太绝对的颜色。

第二节　原则

美国图书馆协会,在数年前公议十一条关于图书馆建筑的要点,兹略述如下。

1. 每个图书馆建筑,当设计时,知道它在社会上所供给的是何种图书馆,何种的民众,方能得到它的功用。

2. 设计内部的分配与组织,要在外观形体图样以前。

3. 地基的平面四周,要预备将来扩大发展的机会。

4. 图书馆应当特别小心计划,为要经济与行政和阅者的便利。

5. 公共的阅览室等,应当设计用少数人而能得到完全监管之下的效果。

6. 不要为分配的便当,而却失弃了实际上的应用。

7. 不要在阅览室和工作室布置些装饰品,免致光彩夺目,而有扰乱读者专心阅书之弊。

8. 图书馆的建筑各部分,应当有好的天然光线。窗户宜直达天花板或房檐处,以期得到每室由上部来的光线,可以射到台内较远处。在书库窗户宜正向过道。

9. 书架不可太高,总以平均人的体长所能取阅者为宜。

10. 楼的阶级,宜直上升为宜,圆曲螺旋形之楼梯不易上升,且多危险。

11. 电话宜设在工作办公室等范围之内近中心处,以求馆员等应用之方便。

第三节 应避免的几件事

1. 图书馆建筑完竣后,再聘定馆长是太晚的一件事,所以预先必须请到学识丰富,于图书馆学专门的人才任之。

2. 图书馆建筑地点不适宜,能失去它的功用很多,管理不统一,或地方狭窄,均有碍光线和新鲜的空气。

3. 接收某人捐赠所建的图书馆,未免顺从该人的意见而行,以致得不到良善的设计方法,只是多不健全和不完美的判断。

4. 假定用投标的方法选择工程师和包工者,是一件冒险的事,因为价廉的投标被取,多有半途停工者,有声望的工程师,又多半不愿加入投标竞赛(设计图投标不在此内)。

5. 建筑重要载重过大,只剩少许力量为书籍。或多注意建筑的方法,而忽略了工作效能,这也是错的。

6. 盲从抄袭,或仿造其他图书馆,而不加审查,是否合本馆的需要与应用。

7. 若先设计外观,不顾内容的布置,工竣后虽成美观的图书馆,而不顾图书馆的使用,决得不到美满结果。这种建筑,正如 Bostwick 所说,"一位美丽的女人,外貌固然好看,但是后来知道她的内心,乃是一个未受过教育的愚鲁人。"

8. 设计内部,尽量于致用,固然也希望工程师要设计好看些,但是图书馆建筑不是一种衣服和装饰品。

9. 分配内部不科学化,(a)如不好的平面图,错放出纳台,或距离大门太远,或于书库取书不便;或做许多固定的隔间,读者多走路,馆员多费时间取书,一位馆员能做的事,竟费两馆员以为之。(b)不顾附属各小部分,用宽大的更衣室,厕所和楼梯等。更有许多图书馆,用地面百分之二三十为大门甬道和客厅的用处,这是多么不经济?

10. 未预算图书馆的发展,读者渐渐增加,但无余地再行扩充。

11. 集会室在图书馆虽重要,但照其用途大小而定,若每月只用一次,不如将该项建室费用于书库中。

12. 委员会议室,每月只用一二小时,不如借用其他室开会,用那地方,多给读者阅览的机会。

13. 在公共和通俗图书馆,不给儿童备阅览室,是最不合近代的需要。但是如果有这种设备,仅有其名,而无其实,如在黑暗,潮湿,不雅致之地下室内,也是一件不好的设计。

14. 所有大图书馆建室,须保火险,且须用避火的建筑,较小的图书馆倒无须如此。

第三章　图书馆建筑的位置和骨干

图书馆建筑和图书馆效用有密切的关系,在未开始建筑图书馆以前,对于位置的选择,要格外审慎,所以图书馆建筑与读者很有关系,故须谋大多数民众的便利。如商业图书馆宜近商业之中心,学校图书馆亦当在学校重要的中央处。其余乡村图书馆也应当设在大家往来较便的地点,以免偏枯,若设图书馆于山野处,经过铁路与渡河等跋涉,多属不便,有碍图书馆的发展。所以公立图书馆的位置,宜以不接近大街为宜,车马通行,易扰乱精神,且甚喧哗,再者地价必昂贵,最好在大街背后,或附近。尤以毗邻小公园,风景佳胜之处建设图书馆为宜。

公共和学校及其他种图书馆建筑,宜以四周无建筑物为要,一者可得好的光线,二者可免火险,其他的利益如免招灰尘,空气清洁等。切不可近臭气太多,秽水蔓延的地方。屠场,墓地,大工场,易传染疾病的区域。是以选择地基,须详加考虑,以求适合民众之需要,和卫生上诸条件。总之,建筑图书馆,第一要适中,第二要清静,第三要广阔。尤须择馆舍前后有发展余地。图书馆的形式,有方形的,角度的Γ或L的形式,亦有蝴蝶式的,均照图书馆的位置和用途而定。普通大图书馆建筑以长方形而向正街开大门者为佳。L形的建筑,多用在墙隅地势,大门多向大街交叉点处。但是除非不得已,才可用这种形式,因为L形的建筑,于砌墙,房顶构造上,要比方的和长方的建筑费钱多些。

第四章　光线和窗户的关系

光线为图书馆建筑中最重要的节目,工作之效率,读者与馆员的健康,视力的培养,多赖光线。故馆内光线,须直达阅书桌面,四壁宜多设窗户,平均窗口应占墙四分之一。窗之外形,宜平方的碹,免做纱窗时不便等弊。光线有人工和天然两种,图书馆当竭力采天然的光线。但是天然的光线若太强,也易伤书与眼帘,所以主要的部分,最好光线由左边来,后边亦可。光线最远可射到室内三十尺以内,故馆内的墙,天花板等,应具有反光的色彩,较吸收光线的好得多。书库若于白日光线不足时,可用电光补充之。大的书库,很难得好光线,可在每书架上装设电灯,书名自可明显。

第一节　人工的光线

小图书馆有用油灯和汽油灯的,大图书馆多用电灯。盖燃煤气灯,所发的气体能伤书,气味亦不佳,故以电灯为最清洁。阅览室之灯光,宜设桌之中心,悬灯可离地板六尺至八尺高。电门宜安置于方便之处,如门框书架两旁及柱上等。灯光与室内之颜色甚有关系,当考虑光之反射,以不伤害视力为原则,当避免下列数项:摇动的光线,闪耀的光线,由纸上助射的光线,太弱的光线,太强的光线,条纹的光线等。是以装置电灯之时,先由工程师分配,第一要合读者之应用,其次注意美观。但亦不可特别华丽,附于带链的吊灯架,曲折轻细的牵引物,均能折断电线。有许多大图书馆,为经济起见,而自备之发电机,但能安置于馆舍外边才好,因电机气缸的转动声音,足以扰乱图书馆的安静。他如公立图书馆与学校图书馆,多用发电厂的电力也。

电灯光有直接间接两种(Direct & indirect lighting),直接电光易伤眼,间接电光需用电力较多,因用反射方法故也。

计算电光之法,大约每立方尺需用一个瓦德(Watt)。若图书馆面积 10,000 方尺,就需用 10,000 Watts。若每 30 瓦德用灯一盏,则需 333 盏。约需 139 个开关(Switch outlets),每开关以＄5 计,共计＄695。现在为便利计算起见,改为立方尺计算。若正楼面积 10,000 方尺,高 15 尺,则共计 100,000 立方尺。以＄695 除之,得 46c.,约每立方尺值洋半分。若以地下楼层合计为 400,000 立方尺,则全馆电灯装设费洋＄1,840。此外如电铃,电话,电钟,电梯等件,合洋约＄4,500。

第二节 窗户

窗为供光线与通空气之用,不仅为读书与工作者之便,此外如书籍之名称在书架上,能藉光线的帮助,得以清晰耀目,所以窗之能给天然的光线,不用费许多钱,而又能得到健康,实较电灯光线好的多。窗即不为装饰品之用,故图书馆建筑宜有充分的窗户设备。较小的图书馆以拉窗(Slide window)为便当,但须工作合适,否则易上下启闭不自如。拉窗较百叶窗不占地方,有时不妨碍书架,但说者谓,拉窗两扇,只能得一扇之通风,殊不经济。

峨特式尖顶的窗(Gothic window 如教堂多用此)在图书馆建筑中,不可采用,通常以平窗不阻光线射入为佳。窗之高低,可照每层多高为比例,当然亦须要不妨碍书架的安置。

天窗须万不得已才可用,倘装设不慎,工作恶劣,易滴水,且易污秽,难于拂拭清洁,并于早晨时,难得充分光线。是以馆内的光线,为最重要的事。若要完满的结果,最好仿照学校建筑的方法。窗户的面积,至少占室内的面积20％。窗口射入光线,其远度若能达自窗槛至地面的高度为 $1\frac{1}{2}$ 倍,则可称充足。

第五章　暖室和换气

第一节　暖室

凡从事研究学业,其室温的适否,与学业的进步上有绝大关系。我国的童谣有云:"春日不是读书天,夏日炎炎正好眠,秋有蚊虫冬又冷,收拾书箱过残年。"此谣固带几分滑稽,然亦有至理在。足见吾人不拘何时读书,当注意于室温的调节。吾国南北气候各异,但无论在何处建筑图书馆时,均不可不预先有暖室如何设备的计划。

暖室的安置具体种类:有火炉暖室法,蒸汽暖室法,热水暖室法,热空气输送法,以及电气炉暖室诸法等。兹一一略述于下。

火炉暖室法(Fireplace & stove)　此种暖室法传热尚多,室内可得均一的温度;易使空气不洁,炉的构造有多种,购置时,不可不注意于价值和优劣。烟筒宜对角线通过室内,再导室外,较可得多量的热。烟筒宜特别牢固,否则易滴出液体物,尤以防倾倒或漏火为最要。欲调节湿度,可于炉上放烧沸水壶,以免干燥之弊。火炉的优点,装置简便省钱,可随时撤去,热度亦颇够用。它的劣点,易招灰尘,空气不洁,倘不慎装置,则易引火。

靠壁炉,虽属美观,但无较善于石灰炉之处,一者只能得极少量的热,且装置不精,易发生火灾,最大原因,多量的热气,从烟筒中消失,故不宜用。

热水暖室法(The hot water heating system) 此种装设必备有锅炉,输送热水于管中,多装置于书架背后或旁边。热水管虽较蒸汽不甚暖,但较为经济,且尤以热度的高低易于管理,故亦有常用者。其温度多到F180度。蒸汽管(The steam heating system)较热水管为佳,大图书馆多愿用此,因传热力量大而且快。这种暖气管,多有装置窗户之下。在地窖内设有大锅炉,散热器(Vadiators)分设在各室内。它有两种装置法,一种是单管一种是双管,不过单管常有回水之声,而双管则无。暖气炉输送法(The warm air furnace)是置锅炉于地下室内,将每层地板开方孔,其热气可吹至各室。这种装设,不宜采用,因所传之热度,能使室内非常干燥,且有时吹进灰尘。还有一种电气取暖法(Electric heating),但其价值昂贵少有装置者。

计算暖气管法 照 Min 的计算暖气管公式,大概计算法为2—20—200,即以2除室内玻璃窗的面积(Glass area)。实墙面积(Solid wall)为20,以200除室内立平方尺面积(Cubic foot contents)。设有室内之面积为9,500方尺,屋顶之下高为 40 尺,其结果为 380,000 方丈。玻璃窗面积为 1,900 方尺(或百分之二十为地板面积),墙之面积等于屋之四周(150 + 60 + 150 + 70);面积 440 尺高 40 尺,即得 17,600 方尺,减去 1,900 方尺的玻璃窗,即得 15,700 平方尺。其公式如下:$X = \dfrac{ga}{1} + \dfrac{wa}{20} + \dfrac{cc}{200}$,X 等于所需用的暖气管,ga 等于玻璃窗由天花板下之光线面积,wa 等于墙的面积,cc 等于立方尺面积。这算式的结果是:

$$X = \dfrac{1,900}{2} + \dfrac{15,700}{20} + \dfrac{38,000}{200}$$ 即等于 3,625 平方尺的暖气管。所以全馆热力,需用 3,625 方尺。若将暖气管在书架之后面,须加添 $\dfrac{1}{3}$ 即 3,625 + 1,200 方尺,即可得 4,825 方尺。此外再加添 $\dfrac{1}{4}$ 或百分之五十回水管到锅炉处。Supply and return pipes 即 4,825 + 2,450 = 7,275 方尺。装置暖气管的每方尺价格约 .75,设若 7,295 方尺,即可得洋 5,455.85 圆。装设暖气管之位置,以在墙之北面为宜,或悬于天花板平面上。至于关于空气流通的设备,价值约占蒸汽管(Steam system)25% ,即 $ 1,837.50 。

第二节　通风

在某室内有定量的空气流通,以便呼吸,谓之通风。考 Ventilation 之意即希腊之 Ventilare,从 Ventus 和 Wind 之意。吾人日常所吸之空气,不外两种,即氧气与碳气是也。氧气为人生命所依之气体。成人呼吸于 24 小时,在 425 立方尺内需 2,600 加伦。成人所呼吸氧二化物,每小时约 0.6 于每立方尺。所以每人至少于每点钟须有 1,000 立方尺空气。美国公立图书馆建筑通风在法律上每人须占的地板面积为 20 方尺,每人须有 2,400 空间的容积,立方尺每人供给新鲜空气,为 2,500 容积,以排去浊的空气。图书馆为即收容群众阅览处所,若不用换气法,图书馆中人易罹头痛,眩晕,倦怠,注意力减少等等不良的现象。是以建筑图书馆时,当预设救济的方法。救济最良的方法,厥为换气。

换气的方法,有自然换气与人工换气法。自然换气,即利用天花板,地板,四壁,窗户等的气孔与间隙等。

人工换气法,系用风扇,以使新浊空气能互相交换。

开放窗户,乃最普通的办法,所得新鲜空气甚大。但当寒季,或烈风扬尘之时,此法则不适宜。

第三节　暖室与通风应注意之事

1.供给新鲜空气,是人类所最需求的,尤其是在图书馆,更当在计划时要想到的。

2.供给空气,要有定量,不可在输送时所耗费的反较所需要的为多。又或在他室空气不足等弊,使室内温度宜平均。

3.照 Dr. W. F. Poole 说,书籍与人类一样皆需要新鲜空气。最好安置吹气机。于室之上端,置吸空气电扇,将污浊空气吸去,室之地板墙上,再输送新鲜空气。此种装置,尤以书库中为需要,盖书库之窗多固定的。室中浊气轻而上升,吸气扇不仅吸浊气,即将室内一切灰尘,亦能吸去也。

Mr. W. R. Reinck 在他的论文中说"虫类能损伤书籍,若有好通气,可免生虫之处。"他又说:虫不仅只找书中的浆糊,凡是构造书中的布,纸,墨,皮,胶,油等,全是虫与老鼠要蚀。欲救此害,可用毒药除之。

4.应单独设备输运各室之通风和管理的机关。

5.在人多集会的处所,特别常有女人带有芬香气味的集会,通风宜垂直,较平行线吹气为宜,可不致散布馨香气而烦扰其他的人。

6.备天然之通风,即用窗愈多愈好,当室中人不多之时,可以减少通风器之费用,以窗代之,也是很满足的方法。

7. 应备流通之空气,特别在人多聚集的讲演厅,以便呼吸新鲜的空气。或在墙之四角安设风扇,以便调节。

8. 在城镇里吹风机宜装置在屋顶,较在地平面好,免吹起灰尘和秽物。有时用滤清器可存灰尘,但风扇置在屋顶,较为清洁简便也。最要使空气中不致发生有害气体及燃料粉末等。

9. 当使无火灾的忧患。

10. 常使室暖得适当的调节,和适宜的温度。

11. 书库热度不要过大,普通以 60 度至 70 度为宜。

第六章　馆舍的大小与估价

第一节　馆舍大小

图书馆的大小，多半照经费与需要而定。再算能容多少书，多少读者与馆员。工程师可以算出平均避火的建筑，每立方尺价目。大概的情形，图书馆建筑要多费百分之十或百分之二十的钱于每立方尺上，因为图书馆建筑是特别载重的。用这每立方尺的价目，那就可以决定有多大多高的建筑在地基的方面。美国在欧战前照康勒基（Carnegie）图书馆合作事业的计算，以每人二元为公共图书馆建筑费之用，但是图书馆样式之不同，材料用法亦异，所以也影响其建筑费。最近美国大城市图书馆建筑费每人要六元。规模小的图书馆也总得每人二三元之谱。

估计图书馆建筑费，照美国图书馆协会标准，城市人民对于公共图书馆之收藏须有每人估书一本或一本半之比例。保存书籍的建筑和其他的费用，大约每本书要用二元。按普通规则讲，图书馆建筑须有空地方以备在二十年后可以扩充。但是也有许多人是不愿意改建增修得这样快的,二十五年或三十年,很是相当年限。在建筑一个图书馆时先估计城市的人口,过二十年后,假定人数要加增一倍,所以$(1\frac{1}{2}\times2)$每人一本半的书,过了二十年要乘二倍。如某城有 30,000 人,平均人口二十年后要增加一倍,所以必须预备容 60,000 人的书。若图书馆建筑以每册约二元以建筑费,则共用 120,000 圆。最好图书馆先预料将来的需要,能发展到何地步。有许多图书馆已经建筑好了,或者没有发展的希望。但是新式图书馆建筑,要设计单位式,需要时,可以随意增建。若图书馆已然先建筑好了很小的范围,那最好的方法,且又经济,就再去建筑新的,比较改造拆修,或加添旧馆舍好的多。

第二节　估价

图书馆建筑的估价,多以立方尺为根据。再按形式与所用之材料而定其每立平尺的价格。图书馆建筑要比学校及其他建筑贵些。因为材料要坚固,家具设备要讲究。

分配图书馆建筑的大小比例,以百分之七十,为用在建筑上。每位读者,须占地平面位置约二十三十方尺,约每人合八百余元,兹将建筑费分配如下。

总共建筑费,不包括钢铁书架为 57/100 水管装置,暖器管,电灯线等,与其他装设为 13/100,二者共合 70 分。钢质书架,木质书架,与家具为 20 分,建筑工程师的费用,或其他不定费为 10 分。

我们可以拿开办费,根据以下公式分配。

建筑物	$72\frac{1}{4}\%$
暖气管和空气设备	4%
电灯电力	$1\frac{3}{4}\%$
书架	$7\frac{1}{2}\%$
用具(家具等)	6%
光线设备	2%
意外设备	$\frac{1}{2}\%$
建筑工程师	6%
	100%

以上的比例,须在设计前估计。至于图书馆的形式,各部分的区分法有繁有简,其主要由阅览室,事务室及特别室,附属室等五部分组织而成。其规模的大小,均照经济的范围而定。

第三节　形式

馆舍的形式,如(甲)一室式,长方凸出式,均最适宜于最小的图书馆。(乙)二室式,由书库与阅览室二部而成。利用阅览室的一部分,设置事务室及馆外借出部。(丙)三室式(即蝴蝶式),此式由中央部一室及左右两翼二室而成。其三室为书库,阅览室,参考室或杂志室或儿童室。事务室及借出处利用书库的一部设置之。(丁)T字式,书库多在出纳台之后,T字之顶部置阅览室,出纳处。此式多用于较大图书馆。(戊)中央式为最新式的建室。(己)⊿字形用于小图书馆近角的地址为宜。

建筑的形式拟定后,经建筑委员审定,再请工程师计算该建筑物每立方尺价格。在美国 Wisconsin 建筑图书馆一所,城镇有住民 1,500,建筑尺码为 62'×25',用砖造图书馆,建筑费洋 $25,000,合每方尺 $41。普通应有的装置全在内,如暖气管,水管电灯,书架等,惟不算地毡,桌椅和工程师的费用。另有一图书馆建筑,尺码为 55'6"×46',它的建筑费为 32,500 元,其他的费用如水管和暖气管 $1,121,电灯装置 $1,180.50,家具为 $1,128.50,书库 $1,594.00,金属铁物(hardware)$240.00,全建筑有 56,000 立方尺,每立方尺合价约 $.60。

第七章　楼梯地板和屋顶的设计

第一节　楼梯

楼梯不可过于装饰,尤不可光滑,梯阶不可过长,可于十余阶内作一歇台(Landing)免人疲倦。楼梯之位置,甚为重要,以不妨碍大门,不致拥挤为原则。螺旋弯曲的楼梯切宜避免。图书馆建筑中所用之楼梯宜采用平直线的(Straight stairs),楼梯之角度宜在四十五度以下,材料以避火险,耐火性物为佳。普通楼梯宽四尺五寸以上八尺以内。书库楼梯可用二尺宽,其他楼梯以三尺宽为适中。楼梯因防险上的关系,不可不设二处以上,并不宜与极窄隘的走廊相接续。

梯阶(Flight)踏板高度相合,谓之梯阶,由第一层可达到第二层地板,或由地板达到歇台。

踏板 Tread 平行之长板,可踏之上下楼的谓之踏板,宽约十三寸。如图。

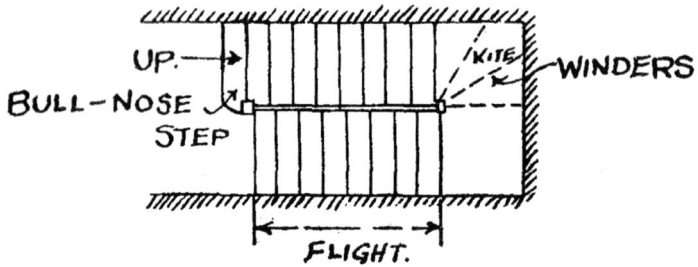

第一图

阶高板 Riser 垂直两踏板之间,谓之阶高板。以相当之尺寸易行走为度,普通高五寸半,或五至八寸,亦有以四寸为阶级高度者。

楼梯之材料

楼梯的材料,有石质的,但太重,倘不幸遇火,易破裂。大理石楼梯,面甚光滑,铁质梯阶亦然。木楼梯易磨其面,须经数年后又涂色上桐油,以保美观及防朽等弊。

洋灰楼梯甚佳,因坚固避火险。若石质与洋灰楼梯,欲免其光滑,可在踏板面铺以硬木橡皮或铁板地毡等,颇称适用。但在小图书馆建筑,仍以木质较为经济与实用。

楼梯扶手与平台 Handrails and landing

楼梯扶手,宜备置,但不可过于装饰,扶手之高,约三十五寸。在楼梯十二阶级以上,人多觉跋涉之劳,必有小的平台,以便略供休息之用。

图书馆的层数,不可太高。普通小图书馆以一层和

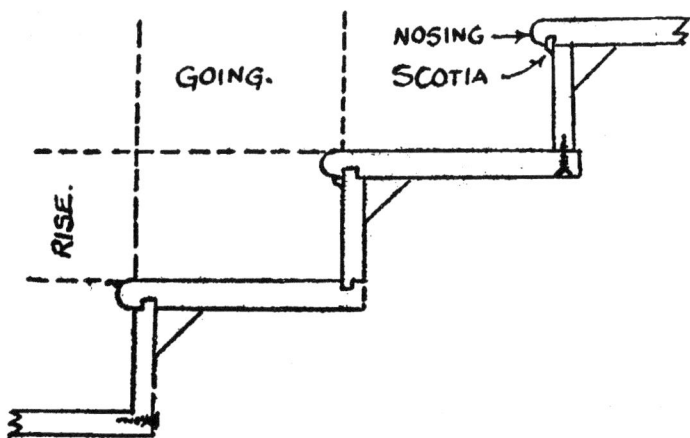

第二图

第三图

一层地下室为标准,每层高以十二尺为宜,若十三或十六尺则须改用两层。设书库高十四尺或十五尺时,则可分七尺或七尺半的阶级(Tier)为一层。

楼梯铁扶手

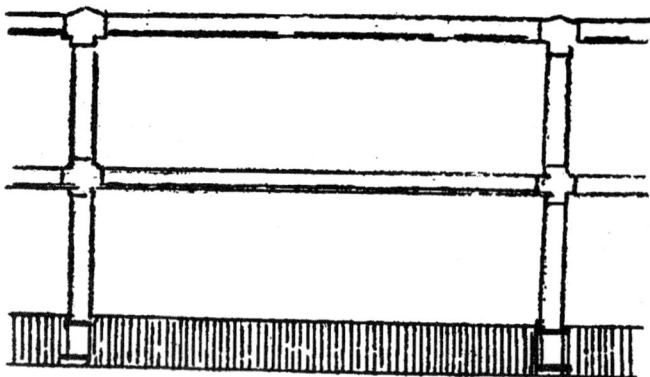

双管

第四图

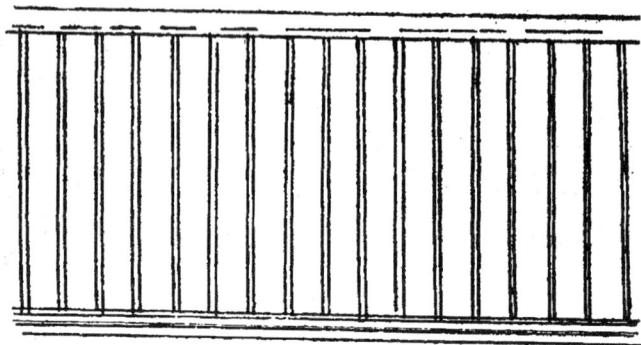

平铁条

第五图

34

第二节　地板

理想中地板的要点,是坚固,清洁,干燥,温暖,无声音,耐火性,不光滑,易走踏等。地板的种类有大理石的,洋灰的,玻璃的,木质的,砖的,还有战舰油布(Linoleum)与软木(Cork)等地板。普通以木质地板为最多,它的劣点,就是履之有声,扰乱读者静心阅读,易引火且觉寒冷,除非铺以地毡。它的优点,价廉且甚美观,若用窄的橡木或栯木作地板,上涂以蜡脂,光燥耀目,殊令人满意。故用之者甚多。战舰油布的地板,在美国大图书馆多用此,还有橡皮砖的地板,虽属适用,但接缝处须特别小心,尤以价值昂贵,不易购置。

第三节　屋顶

屋顶定义　屋顶是建筑物伸出最高遮蔽天空之用,保护建筑物的外面风雨雪和天气侵入等。屋顶之用料种类甚多,主要的是铁,铅铁,铜,锌,木质,洋灰,瓦,松树脂,地沥青,石绒,毡,纸,与帆布等。

屋顶约可分两大类别,紧密式的 Tight roof 和开口式的 Open roof。紧密式屋顶,是每层材料不能钉入的,如铅铁,毡等,凡稍近平屋顶而角度在三十度者可用紧密式屋顶。若在三十角度以上,多用开口式屋顶。但图书馆建筑,宜用紧密式的,一则免火险,二则坚固。近代图书馆建筑屋顶,多用开窗屋顶,其法在两墙上放托梁,再于上放木板和地沥青纸或铅锌板等。但开窗口式屋顶,不宜用于寒冷区域,因积雪过厚,易使屋顶漏水并寒冷。

第八章　地下室

在许多图书馆建筑中,地下室是很需要的,因为有许多部分须在地窖内,以图书馆建筑费的多少。地下室的高度,依作何种使用而预计之。譬如集会室须高于其他的储藏室,普通以十尺高为适宜。地下室最适当的应用,为讲演厅,儿童阅览室,职员休息室和办公室,锅炉房,煤炭室,夫役室,厕所,以及未装订的杂志报纸等。所以地下室要十分干燥,温暖,且以不潮湿为宜。地下室之楼梯及甬道,宜力免空地,以节省地位。讲演厅之在地下室,亦可为公共集会之用,若有电影机的设备,可在墙上向机之位置处,涂以长方白墙地,以代替电影幕。

普通小图书馆地下室地板,不超过地平面四或五尺深。地下室的门应有三个进口,一为正门,一为通讲厅门,一为外边之通锅炉大门。在地下室进门与窗户处,必须有水沟等设备,以防雨水浸入室内。地下室地板,多用洋灰及水门汀等。若用在儿童阅览室,以灰色不美观,可于上层涂红色洋灰一层,略干后再涂稍厚一层免日久见灰地之弊。夫役室须并能容纳他所用的一切器具,如扫帚,拭布,水桶,且须有沉水管等设备。如第六、七、八、九各图。

小图书馆或乡村图书馆地下室平面图

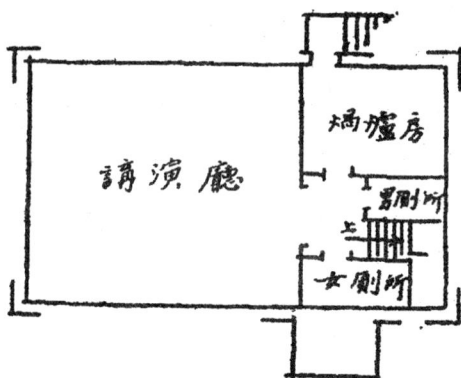

講演廳

焗爐房

男厠所

女厠所

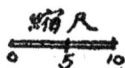

縮尺

0　5　10

第六图

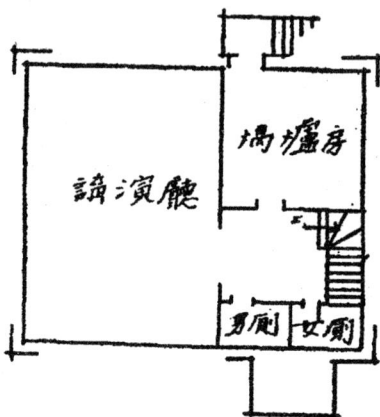

講演廳

焗爐房

男厠　女厠

0　5　10

第七图

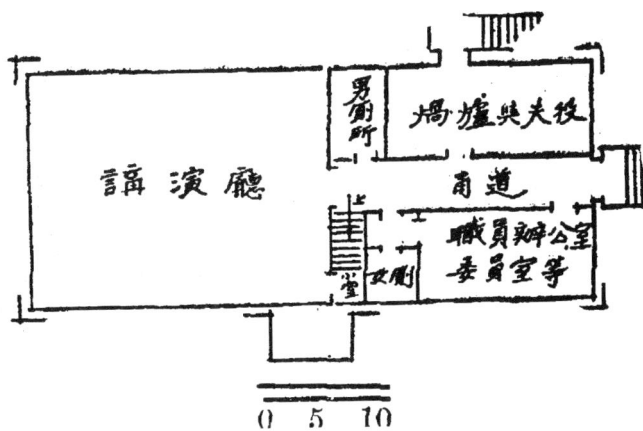

第八图

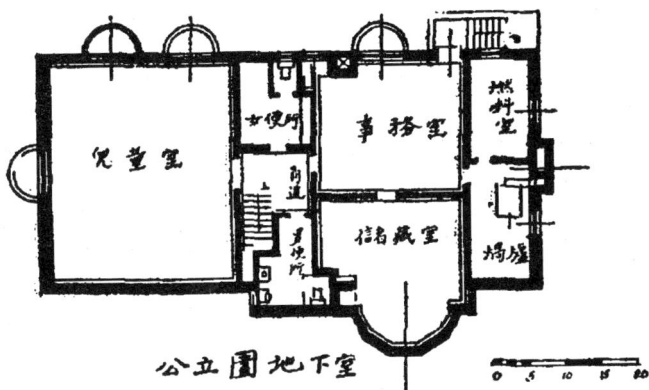

第九图

第九章　工程师馆长和委员与图书馆建筑

　　馆舍既规定,馆长与建筑委员要参加一切,这时应选请工程师。将所要的办法分条列出,与有经验之人商洽,选择最有名望,最了解图书馆之需要的工程师,善于建造,精于计划,愿受馆长及办事委员之指导,不愿徒以美术上之胜利为其目的,而牺牲全体建筑者。切不可以个人之友谊和感情任事。建筑图书馆样,可用投标竞争比较法,请有经验之人为之评判,再交委员会通过。既选定工程师,并定条例,详细说明,即应将建筑事宜,全交予之。而建筑预算必就预算加多百分之十,以防不足。

　　小图书馆不必用投标竞赛法,致有声望之人反不能参加。工程师之酬报若专打图样,值建筑百分之四。供打图样兼监工者,则所值在建筑费百分之六七。小图书馆所费尤多。

　　这样看来,图书馆的建筑成功与失败,多操之于工程师和包工者之手。若请到好的建筑家,同时也是设计家,再加上馆长和建筑委员会的协作,完美的建筑物是不难实现的。若工程师不擅长于内部分配时,因为对于图书馆行政各方面,不如委员会和馆长那样来得精细,所以馆长们,要负内部如何布置的责任。工程师负建筑方面一切责任。但彼此须尽量商洽一切的需要,以期将所要的完全实现于平面图上。假如对于图书馆中所应用的不甚彻底明了时,或请教于人,或参观考查附近著名之图书馆。

倘若图书馆建筑,施行投标包工制,不可专以估价较低者为凭,同时要想到有名望有成绩的包工者,才能造出坚固的建筑物,决不致偷工减料,半途停工。常见许多包工者,因材料中途增价,或因运输不灵而费工,或因估价太少亏本,种种缘由,以致不能继续建筑,此等情形,屡见不鲜。故不可不慎焉。

总之要选诚实,有名望,富美术天才,好操行被人信仰之工程师。并且他是注意内部,较要于外部者,定可得到好的建筑物。总之,凡建新图书馆委员会筹备建筑的时候,第一件事,就是先请图书馆馆长。不能说是图书馆还没有筑,暂时请人兼理,将来再正式聘用。否则将来损失,实较馆长的薪水,大过数十倍不止。那时则悔之晚矣。因为图书馆家的提议,工程师能虚心采纳,定能成美满实用的建筑。要知道图书馆的建筑,首重实用,次在美术。现在的建筑家和图书馆家,已渐能互相谅解,知道各人的区域,共同的旨趣,通力合作,使将来的图书馆建筑,一方面美丽壮观,他方面合乎图书馆之用。

第十章　图书馆建筑与美术

若是图书馆建筑费有限,最好是在装饰上少用款项,布置宜简单,视装饰为附属之事可也。经费充裕的图书馆,可尽量使各部建造合乎美术的原则。工程师亦能由色彩的分配上,使成美术化,来帮助款项不足的图书馆。无论经费的多寡,图书馆建筑须能表现文化的时代性。图书馆的内部装饰,不要侵犯了图书馆的事务和效能。特别不要在工作室和阅览室方面装饰,以免扰乱读者的心思。书库为阅览人多不能进入的地方,所以更不宜多加装饰,以免耗费。图书馆的墙,对于美术上亦应注意,砖墙例须刷粉(Plaster),然倘不注意着色和粉刷,或因潮湿,或因匠工艺劣,均会发生不美观的现象。总之,图书馆装饰,要合相称 Balance,色彩 Color,均齐一致 Unity,适宜 Fitness 等要素才好。

图书馆装饰的方法,总不外以下几点:(1)目的和范围,图书馆的概要;(2)材料构造的形式:墙,地板,天花板,窗,门等;(3)暖气与光线的要素:暖气管,或设在地板上,墙上,或天许板上;靠壁火炉;如何引导光线;(4)实用的要素:如何粉墙,地板与天花板等;(5)悦目要素:颜色,嵌线及各小部分,不为固定的,也不要显活动的样子。论到内部装饰,不能尽按逻辑的办法,也不应当用纯美的眼光,须根据美术家和工程师的经验,并合于现代的需求为主。

调和(Harmony) 它能在美的上面表现出艺术来。个性的爱好要牺牲,要用客观的态度顾到大众的情感。如有一个钢铁椅子不甚好,若有一较贱木制的椅子很实用,那么宁用木制的椅子。这就是逻辑的合理化(Logical and rational)。成功的内部装饰工作,是不摹放时代性或摩登性的。有一句似是而非的话,就是说,功用 = 美观"Effeciency = beauty",这似乎是应当被否认的。装饰的形式——要有活动 Dynamic,稳定 Reposeful,均匀 Attenuated,雅致 Elegant,娱快 Playful,甜美 Luscious,庄严 Rigid,素朴 Naive,感奋 Sentimental 等意味,这都是装饰的主要成分和本旨。

关于色彩之调和,亦若声音之调和。调和之法,可分为二:曰同样调和法,曰相对调和法是也。颜色之同样调和法,例若青色与青绿色,青灰色与紫色,黑琥珀色与橙色,珊瑚色与淡红色等。相对调和法,如颜色之力弱者,当使彼两色和合后,发生一较好之结果;然颜色之全强者,若红色及青色两色调和之,则发生一种使人不可爱之意念。颜色之性质,灰色为中立色,能与任何色调和。黑灰与黄褐白或大红色结合。银灰与赭色或深青色结合。绿色可用于中立黑暗之处。

为明亮的屋子,涂淡绿色是最好的。为暗的屋子,用淡黄。天花板须彩白色或淡色。木器家具,亦须用淡色或本色。Miss Marvin 说"绿,黄,赤土色(Terra Colta),淡褐色,黄褐色,全是很好的颜色。"着色是装饰中最主要之一。譬如用麻粗布为揭示板的衬色,淡褐色为图画的背影衬色,均是最好不过的调子。在小图书馆各室内,仅可用一种颜色。

花和揭示纸(Flower and poster)　图书馆四季中,要布置鲜花,放于精美的花瓶中。桌上置以揭示纸,这全是好的点缀品。

内部装饰应避免的(1)各室东西不可太拥挤,墙上,桌上,等亦然。各物宜距离相当而有秩序。(2)不要放许多花和花瓶在一处。总要使阅者的眼帘不厌倦为是。

第二篇　图书馆各部的分配

第十一章　馆长室

　　馆长室一方面要接近各办公室，一方面要与公众阅者常接近，所以应该在最主要方便之处。通常多设在第一层，以便馆长到各部巡视。若馆长不愿在中心点，亦可在设计时听其自便。要没有电话时，无论在何部分，可于短时间，询问各部。馆长室之设备，除备办事台与客椅之外，并须备一更衣室，以及保险箱，文具柜，书架，文件厨等。室内装设宜略华丽，壁上稍悬一二名画，馆内若无委员会议室，可假馆长室开会。若馆长有二三书记，或打字员等，可在馆长室之前，再有一二间为秘书办公之用。如能在可能范围内，分会客与馆长室为二，尤较在一大室为宜。书记室能隔开，可使馆长室清雅无声，并使与外客有接谈之机会。在较大图书馆，各部主任，亦可另设小办公室，以利工作之进行，并可保藏该部各种文件统计等事。

　　大公立图书馆馆长办公室为 400 平方尺，馆长秘书室 500 平方尺。馆长办公室位置既如上述，图书馆因大小之不同，而其位置亦互异。近代图书馆贵于致用，不专在保藏,故馆长不专以监督或守门为专责,当尽量将书介绍于读者,馆长非只将钥匙开锁书库为其应尽之职。馆长愈活动而接近读者,图书馆愈能致用。在小图书馆馆长室应近出纳台,因常有事询问馆长。大图书馆馆长多半时间,办理行政事宜。由此观之,馆长室之位置,影响于馆务之进行,岂浅鲜哉。

第十二章　事务室

　　事务室在较大图书馆,包括有庶务,会计,订购,采访等部。它在行政上互有关系,所以不要离得太远,最好集中在一大办公处,而分若干部,以求方便而统一。尤宜近馆长办公室。馆员办公室宜分配在馆中中心处,以求接近阅者,书库,及阅览室等,以期易于管理,且经济时间。若距离远,对于馆务上常生不敏捷等弊。较小图书馆,多以一室充之。可备大公事桌数张,分办各事,藉兹区划,如目录编纂,图书整理,登记,写书背,摆架等部分。出纳台总应隔阅览室稍远些为宜,免扰乱阅者。目录柜宜接近出纳处和参考室,尤须有充分光线。

第十三章　会议室和陈列室

会议室　普通规模较之小图书馆,无另设委员室之必要。临时开会时,可暂借馆长室或职员办公室,委员开会时,多半在下午或晚间,故与开馆时不致有所冲突,亦不影响读者。故会议室单独成立者,仅设于大图书馆馆中。民众图书馆和学校图书馆,不应有此贵族氏之设备。委员室若有,则其设备宜求简单化,器具不可过于精美,免费巨资,因不常开会,甚至每月用一二次,故只求布置适宜,光线充足可也。

陈列室　博物馆与图书馆,是同一之目的,皆不外启迪人之智识,它们全是搜集储存所,不过一是古物和标本,一是书籍就罢了。所以博物馆不特供本地人士之观摩,即国外学者,亦可藉知某处之文化也。

图书馆将所保存的珍奇图书以及石矿,植物标本,纺织,昆虫,金石,古泉,印章,碑帖字画,邮票等,均可陈列于博物馆,以供民众阅览;每物标签说明,或常开关于图书的展览会,以扩张图书馆的教育力,故应有陈列室的设备。地方较为褊小的图书馆,可以讲演厅等代用之。

陈列室的建造法,首当注意采光。构造上,当兼重美观,以引起阅览者的审美情感。尤要者,将珍贵之物,放于精美玻璃柜内,一免招致灰尘,二防偷窃遗失为要。再次则颜色大小之分配,放柜位置等美术问题,亦宜讲求。

第十四章 编目室

小图书馆编目室常设在馆长室内,或出纳处。较大图书馆,大都另设于一宽大,设计完善,光线充足的室内。光线最好从两边透射,故必有高大窗户。办公桌宜在窗之旁。编目室可分设采访,登记,总片,写书背,打卡片,分类,标题等股。因此数种工作,互有关系,不能分开,方能达到办事上之灵敏也。编目室必备有目录箱,故编目室宜后接书库,前接阅览室和参考室。大编目室内可设若干部分,用书架隔成凸凹壁式(Alcove)。每一小室为一部之办公室,可放打字机一架,较分设各部于各室为经济,又可得办事上之统一。

标准目录箱的抽屉,可容 1,000 张卡片,薄的可容 1,200张。每本书平均有五张卡片,设有 300,000 册书,须 1,500,000张卡片,当然要用 1,250 至 1,500 个抽屉。就是需要 15 个抽屉高(13 个最好),并且 84 至 100 个抽屉宽。卡片抽屉宽约 $6\frac{1}{2}$(中心到中心),所以长度为 $45\frac{1}{2}$

尺至 54 $\frac{1}{2}$ 尺。或用双行。最好是将目录柜放在桌上,柜约 40 尺高(详见第四篇家具图)。编目室最好在第二三层。尤要有空大位置,以便放新书及摆架等书架,和目录柜,桌椅等。

第十五章　出纳处或流通部

出纳部多设于馆舍第一层接近大门处,照图书馆的大小与性质之不同,开架式与闭架式之采用,而定其位置。较小图书馆,多设于馆之中心点近门口处。普通出纳台应离大门约十二尺,距后边书架约十六尺至廿尺。管理员可四面在望,能维持馆中秩序。读者在此处填写志愿书,登录,出纳归还等手续。出纳处要接近读者与书库之中央,尤不可离阅览室,参考书太远为宜。

书籍流通部,约有两种方法,一为出纳台,一为流通室。出纳台有 U 字形的,外面装板壁,里面有大小空架,以便临时存放缴还书籍之用。U 字形出纳台之优点,是使管理员不站立,取放物件。这样的出纳台,也可以用五个小台联之而成。大些的图书馆,亦有用圆形者,甚为美观。武昌文华公书林,即用此种。还有用口形式的,开有三门。中小学图书馆出纳台,可用特制稍高的书桌代之。

第二种方法流通室,多用于闭架式中,后边是书库。布置出纳处时,应计算管理员的便利和监视,一方面也不要忘了美观(出纳台详图,见第三编廿九章)。

　　流通部两旁可设新书书架,为置新到书籍,目录柜亦置于旁。入馆门处,应置放雨伞雨鞋之架,以免带入,浸污地板及书籍。

第十六章　阅览室

图书馆的使命,首在教育,故图书馆的阅览室,实为图书的中心点,也可以说是民众的大学和学校的教室无异,实为馆舍中重要的地位。要共同注意的地方第一清朗,光线不可太强须采取北方的光,第二肃静不可和出入口接近,以免人声喧哗。阅览室种类很多,可大别之为五种如下:

(一)普通阅览室,(二)特别研究室(Cubicle or Carrel),(三)杂志报章阅览室,(四)儿童阅览室,(五)目录阅览室,和展览室等。分章叙述于后,兹只就普通方面略述如下。

普通阅览室与其他特别研究室的意义,读者顾其名,已自了然,勿待赘解。二者均为读者专心读书之所,所异者惟读者所取的对象不同而已。譬如有许多读者到图书馆时,有的为稍事休息静气的工夫,而先到杂志室或报章室者。

有的直接到阅览室预备论文,研究某种学科或从事著作者。所以阅览室均宜择闲静地方为要;尤当注意舒适,便利,幽雅,光线充足,新鲜空气,馆外栽植树木,和宽大的地方。既宜占极静地点,普通多设于楼上。近馆内外喧哗之地,如出入口傍及近出纳处所,殊为不宜。如不得已而近于较闹杂的地方,可加厚其墙壁,以救济之。所谓闲静者,非仅规则中禁止交谈之意,但求于环境上和构造上须加讲求。如履之无声的麻油布(Linoleum)地板,无回声的墙与天花板,他无外界之喧噪,无上下楼梯与通过他室之声音等。

幽雅美观,须布置家具得当,光线宜从左边来,但须避免过强光线而以不妨害及全体者身心的疲劳,人工光线固多为图书馆所采用,但不如天然光线之有益于身心。电灯之距离地板通常多以八尺为准。最好阅览室用间接电光法(Indirect light),一者不致伤眼,二者室内能得到充分光线,免多费电也。当然阅览室,最重要的问题,已述说过就是光线,如果光线从一面射入的,那么室宽最多不能过窗高的百分之五十至六十。如果室高十四尺或十五尺,窗槛可以离地高至 $4\frac{1}{2}$ 或 5 尺。因此四周墙壁,有 $3\frac{1}{2}$ 至 $4\frac{1}{2}$ 的地位,可以安放书架。凡窗楣愈高,光线射的愈远。大约有两面光线的阅书板,要有卅多尺阔十五尺高,方为合度。天窗的光象,非不可用,但晨时必显太暗,所以阅览室不得专靠天窗的光线。

阅览室之大小，与家具有关，室及椅的距离，墙及椅走道距离，均约五尺六尺；一人专用的，前后为三尺，邻席的距离为二尺五寸。阅览室内尤以少柱子为宜。阅览室于建筑上宜注意采光，换气调温，防湿免尘。不可于室内多设墙壁或木隔间等，以妨碍光线和难管理。四围墙壁，不宜多悬书画，多则反不雅观。天花板不宜过于彩画图案，免吸引读者之专心意志。然亦不可不美术化，以调剂读者之欣赏。天花板与四壁上部宜涂白色，以为采光之助。下部三分之二可涂淡灰色及淡青色，以唤起人们沈静之心理。有时墙下半设置书架，上半有伸出到天花板之高窗。室内备有四六人之小桌数张，普通桌为三尺宽五六尺长。

在许多较小的图书馆，常以报章杂志室和阅览室，合并在一大室内，用屏或书架隔成几部。墙旁为斜面阅览报架，杂志室另由玻璃隔间分开，当中为阅书桌。

阅览室之座位，在公共之图书馆，无精确详细数目。但在大学校图书馆，最近以学生和教职员数百分之十至五十，或全校四分之一为标准。若公共图书馆，座位当以平日读者平均计算而定。以全境内登录读者全数百分之一为标准，盖登记者不必同时来馆。收容阅者一人约占地面需廿平方尺至廿五或卅平方尺为最适宜之比例。设有 9,000 平方尺之阅览室，可容 300 读者，每人 30 平方尺。照此大之阅览室，设用款 300,000，可容 300 座位，合成每个读者约 1,000 的设备费。

（二）特别阅览室　这种阅览室采光换气和普通阅览室相同,但容积较小,为专门学者著述参考的地方,若是和藏书室合并,室的周围应安设书架,以便陈列参考图书。

第十七章　儿童阅览室

创造儿童舒适的环境,培养将来的良好国民,引起儿童爱好文学,陶冶儿童公德观念和爱美习惯,是儿童图书馆最重要的工作。我们更要记得,现在的儿童,就是将来的读者。用广义来说,做儿童父母的,师长的,尤其是我们图书馆界的人,负有提倡儿童文学的责任,更当培养和指导儿童怎样知道利用图书馆。当然儿童与大人的心性,大相悬隔,故彼此的图书馆施设上,因之而异;且儿童实为弱者,动辄易如大人束缚其自由;又喜发声,易激成骚扰的空气,而妨碍阅览者。这也是提倡儿童图书馆宜独立设备的一因。但在小范围公共图书馆,因经济上及种种上的关系,有不能设立的,亦有不得已,始附设于成人图书馆中,总以另室成独立的馆舍为佳。附设的话,可将儿童阅览室设于楼下地下室内为佳,以免儿童升降的危险。设备要家庭化,装潢要美感化。理想的儿童室,其广,每人约需十八平方尺以上。空间的高度,与成人阅览室约同。常见国内多有以极窄狭之小室为儿童阅览室用者,光线又是黑暗,殊属不宜。

儿童阅览室的入口,或谓可与成人共用,或谓宜另开之,诸说纷纭,但欲保存儿童自由的天性,且又同时不扰乱成人部者,还是以另开出入口为佳。

室内设备和形式,与成人阅览室相同,惟通路宜较成人者为广,盖欲使少互相搅扰。采光通气,调温防湿诸点,与成人相同。壁的一面或两面其外宜加钉一层软木广告白板的形式,其上张以绿色毛布,四围用坚硬木条框之,以便张钉美丽的图画,歌谣及其他揭示资料的用。但是图画张钉不可太多,亦不可用太贵重的,图画要含有故事意味的,与有动作形式的,适合儿童心理。且要时常更换。

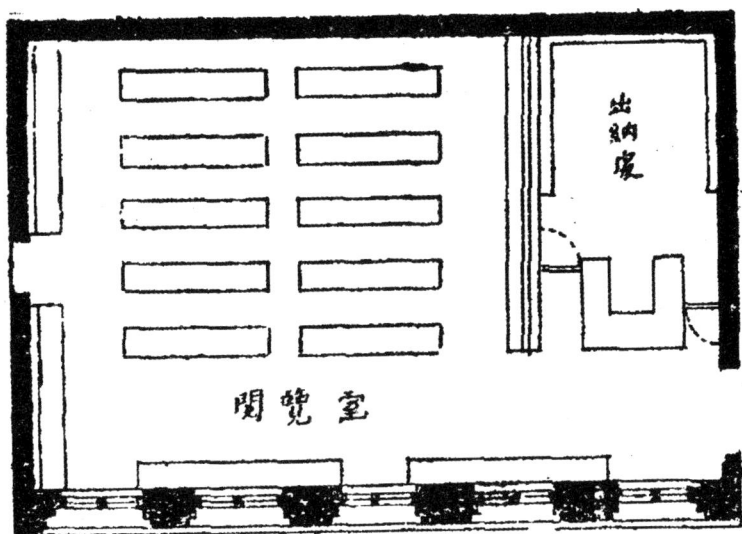

North Islington(易兹令)儿童图书馆

第十图

儿童阅览室要善为设计。桌椅的尺码,要适宜儿童(见第三编儿童家具)。墙之四周可设书架,当中摆置阅书桌,近入口处,可设盥手处,置面盆及肥皂手巾等,俾儿童屡借书籍,免污损之虞。同时养成好清洁的习惯。

儿童阅览室内,宜别为两部,一为阅览处,二为特别研究处,三为讲故事室。

研究处,为儿童报章与儿童杂志处,为出纳台与图书处。特别研究处,与成人之个人研究室同,为备家庭不便自习的儿童及天才儿童研究之所。阅览处与特别研究处,不宜近于出入口,特别研究处,尤宜择较静的地位。又特别研究处与阅览处间,可用全壁分隔,或以屏壁掩蔽。这五种部分,要彼此联接,各部不宜太大,小室较大室易于管理。

书籍排列在架上,可分三种办法。(一)图画书籍(Picture books),英文书籍可照字母顺序摆列法,中文书可照书名或著者之笔划数排列。(二)七岁至十二岁儿童的书籍,可略分类用卡片式的排列法。或照姓名字排列,将小说,历史,传记,游记,掺列中间。(三)十二岁至十五六岁的儿童书籍,可详照分类号码排列,以便练习儿童使用目录卡片,为在大学或公立大图书馆使用之准备。

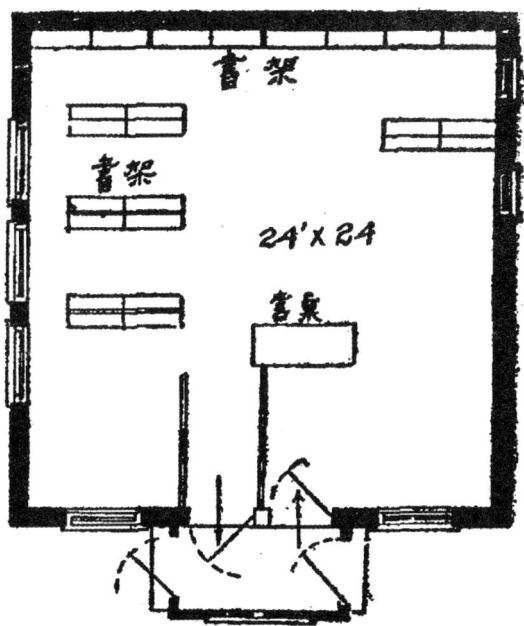

書架

24'x24

書架

書架

小學圖 可容書 3,000 冊

第十一圖

第十八章　参考室

参考室是很有用的部分,凡供短时间的参考,而不是按页读的书,或不出借的书,全是放在参考室的,如百科全书,字典,地图,年鉴,杂志等。在公共图书馆,参考部的书籍,多放于阅览室内。大学校图书馆,参考部有另设的必要,一者检查时方便,二者参考书多半本子大而厚,更有与普通书分置的需求。Richardson 博士说"参考部有四种部分与功用:(1)监视书籍与阅者,(2)辅助读者如何使用图书馆,(3)编纂书目,索引及其他一切材料等,(4)协助阅者寻找各种材料和研究的工作。"

参考室不必与阅览室一样大,视图书馆的性质,而定其大小。参考室可设第二层楼,须有宽大的窗户,上直达天花板,下须离地板约四尺。书架与窗户宜平行,或用靠壁书架,座位宜多设,参考室多半是开架式的;桌椅,目录箱,文件柜,阅书桌椅和书架等,宜布置便当。详细的说,参考室应当有三种原则,第一是使室内能令阅者得到舒适,就是欲达到满足阅者舒服的地步。第二包含有五种要素:(1)室之方向和容量,(2)安静,(3)取暖和换气,(4)地板和地毯,(5)光线。第三点就是精美舒服的家具。详见阅览室章兹不赘述。

参考室每阅者至少要占十八平方尺,或二十四平方尺的面积。

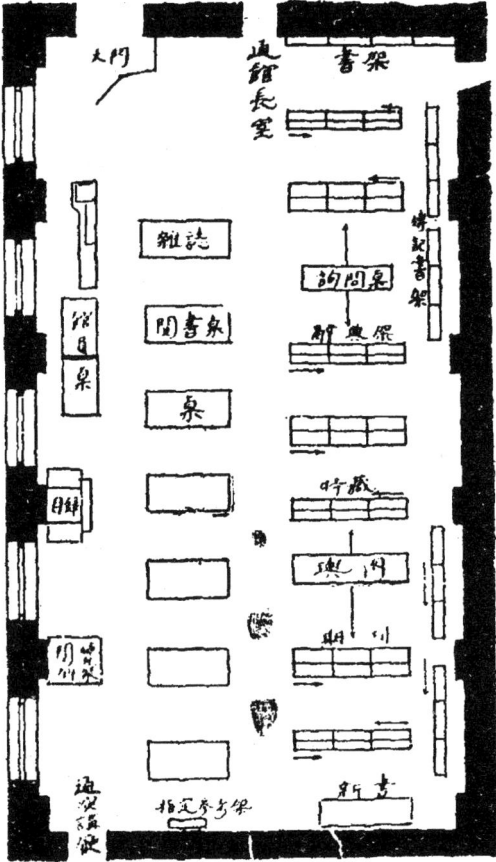

伦敦大学院中央一参考图平面图

第十二图

65

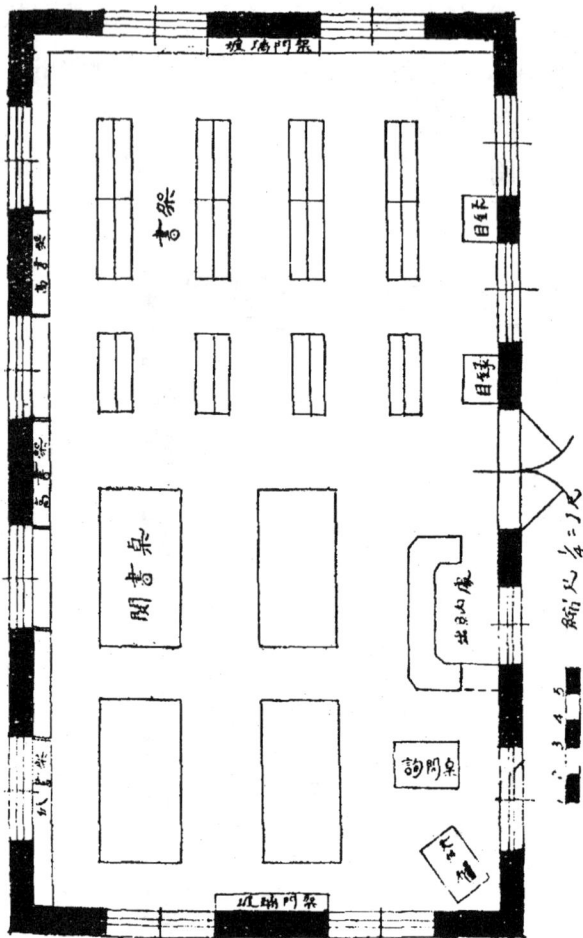

参考室——福来设计
第十三图

66

第十九章　报章室与杂志室

新闻纸与杂志,是包含有最近和现代的材料,在图书馆中是占重要地位的。所以每日来此室者,每每三倍于阅览室。在大图书馆此室多有另设一部者,因为有的读者来到图书馆,并非是看书,只看报章的,故此室有单设一室的必要。但宜接近大门。亦有设于地下室者,或第一层地板者。或另设一大门,沿墙有斜面架,将报章放在斜架上。普通阅报室以 30'×50' 为佳,若太大则不易管理。

杂志阅览室　亦可将装订成册之杂志置其中,再于室中陈列最近期刊杂志等。在较小图书馆,此两室有合并于阅览室之必要。但杂志和报章,易于乱杂,故于设备上须特别注意。但日报杂志有共用一室的,有分设二室的,阅览日报阅览人态度稍为不同,不免有稍许噪杂声音,这种阅览室离其他阅览室要稍远。

第二十章 书库书架和窗户之构造

第一节 建书库的原理

图书馆中最重要的物品,就是图书,故建筑图书馆时,首先留意保藏的书库。书库注意的有三要点:(甲)保存图书(乙)多藏图书(丙)出纳便利。其次书库建筑的原则,不外以下八点:1.地位要经济,布置要占空间小,而书籍之容量大。2.用款也要经济。3.易于发展,有扩充性。4.适当的书架,尺码要一律化以便更动位置。格板要上下自如,取放方能方便。5.须能避免火险,在材料上,与建筑方面,均能免火险,那就是说用钢铁书架为最佳,再加上书库独立不与他处毗连,或用保险免火门等。6.有自然空气,免书籍潮湿,生虫,发霉,上灰尘。尤宜避免日光直射,使书面皮布脆弱及退色等弊。7.使用便利,易于传递,省书间,省人力等。8.钢架独立,不倚围墙。这八点是建书库的要素。当然第二要注意的当设计书库时,要便于图书的出纳,欲达这个要求,书库与阅览室的距离,不宜过远,一般的设计,多使书库邻近于阅览室,而以

68

走廊连接之,设出纳书籍台于走廊与阅览室连接处,此理甚浅鲜,兹不赘述。

第二节　书库的种类和形式

书库大可别为三种(一)凹室式的书库,或称小研究室式(The alcove system);(二)墙书架制(Wall shelving);(三)书库制(Stacks)。兹略述如下:(1)凹室式书库,即是书架置于阅览室内,与墙作一直角,以书架为隔间,仅能容三四人,每一室约有十二尺宽,在该隔间有某类书籍,便于读者研究之用。在每隔间中放置阅书桌,那末是很幽雅肃静的。此式多用于开架制的图书馆,如武昌文华公书林,及New York, University club, 和Columbia University, Avery Architectural Library 都是用这种凹室制的。此制虽说自1890年,已经很多有用的,但因为三面书架,有碍光线,而且难于管理。不过在学校或专门图书馆,因为看书人有很多,若是室内光线充足,则凹室制也是很好的。(2)墙书架是将书架先尽量围墙安置,如有发展时,再置书架于地板适当处,名为Flooring shelves。这种方法用于较小图书馆者多。(3)书库制,用于较大图书馆,完全为储藏书籍,间或有在书库两旁设许多小研究室者(称为Cubicle,或Carrel等),这种书库的建筑构造不一,兹略言之。

（1）半圆形的书库（Radiating stacks）　这是很老的法子，现多不采用，因为构造也不甚便当，排列书架亦阻碍光线等。

（2）中央式（Central stacks）　这种书库，在美国各图书馆多用之。但书库在中央，不便于将来之发展。其优点在其为集中式的书库，最便读者与行政方面。

（3）后面书库（Rear stacks）　此书库建于图书馆建筑后部，易扩张。如北平国立图书馆书库是。

（4）书塔（Book tower）　此种书库能存书较多，因书库由立体的行政，实较广大的平面行政为便利。因为建筑集中式的楼房，较建筑散漫式的楼房，对于出纳图书上，较为便利。书库高，可用运书箱或升降机以济之。但书塔式书库，虽于行政上便利，但为将来发展不一定便当，因建筑物于平面加大较易，而加高较难，因地基已固定，加高殊多危险。因此之故，平面扩充，较书塔为便。

第三节　书库窗

书库窗须窄而高，光线宜由上方来，窗之玻璃，宜用耐火与耐强烈日光者，宜用网形式工场所用之起纹玻璃为佳。窗与窗当中的墙，宜有两个书架宽，约十六尺以上，以便支撑屋顶。

第四节　书架之材料

书架有木制钢制等类,在小图书馆,无钢铁书架之必要,木质之书架可由当地承做,虽较钢铁多占地方,但亦甚坚固而价廉。两层以内之书库,尚可用木质架,三层以上,最好要钢质书架,虽价昂贵,但是它可省相当空间地位,又不阻碍光线与通风,不像木质那样厚的材料。不但钢质可以免火险,且上下移动非常灵敏。

钢架有两种,一种称为标准型书架(Standard type),一种叫半圆形书架(bracket style),后者价值较廉。

钢铁书架,要较木质书架贵四五倍,所以在三万册书以下之图书馆,可用木质书架。

第五节　书库要点

书库之书架,有数基本原则:

1. 书架高度须以伸手能取者为适当,过高殊属不便。它的标准尺寸,以高 6'—10" 或 $7\frac{1}{2}$",3 尺宽 8"深,但亦有做 3'—6"宽者,这是在成人部。不可用小凳与梯子。

2. 书架之格板,不可超过 3 尺长之距离,以免放太重的书而沉曲,总以不过载重为宜。3. 馆内之书架,必须有同时的大小尺寸才好,以便于必要时互相移动。4. 书架应无论置于何处全相宜者。图书馆书籍大小不一,故格板宜用活的,有伸缩性的。5. 书架各边角与书立等物,皆宜圆角形,免伤书籍。6. 书架不宜于凸处挂衣服等物,尤以书库中更当避免。7. 书架之最上下两层之格板,宜有好光线而易检查。在大图书馆之书架,最好用不高之书架,不特便利,且易取阅。8. 木质书架格板,约 $\frac{7}{8}$″ 厚,每格高 10″,遇有八开与十二开的书籍,可随意提高格板,或另备高架格。9. 书架无设玻璃门之必需,若有灰尘之处,或防善本遗失之弊,可酌量安设之。10. 免拭地板污损书籍,故有 4″ 下脚的底盘,若木质书架,可有 2″ 嵌出之木板镶边,以求美观。11. 书架上若置电灯时,则电线与电门设书架两旁。12. 电线管装置在书库天花板上,是重要的事。不可在小梁上置电线,须在大梁上钻孔通过之。13. 书架的颜色,有多用绿色和褐棕色者,如能将书架做美观化,总以淡色较显明可爱。14. 书架通风,有在书架底格者,开孔宜垂直,不可平行。15. 书架每层地板至地板须 7″—6″,在某种情形之下也能做 7″ 高,每层(tier)有七格板,平均 11″ 高之距离。16. 书库地板避免用玻璃砖的,以洋灰的为佳,上铺以麻油布。

書庫第壹層平面圖第貳叁層同

第十四圖

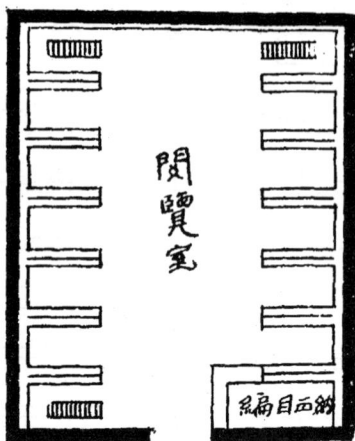

凹室式平面图

第十五图

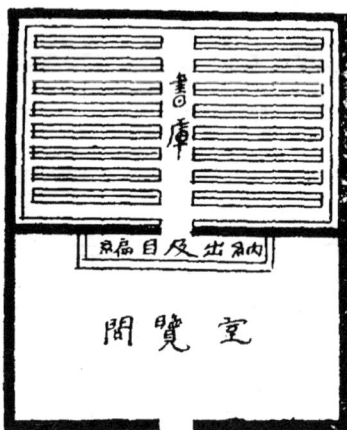

书库式

第十六图

第二十一章　书库容量计算法

　　计算书库容量,是首先重要的问题。计算的方法,知地板之面积而估计可容若干书架。普通以每尺十册或八册为规则,八帙本每尺可容八本,参考书,法律书,医学书或其他大本文学书籍约五本于每平方尺,杂志每尺约六本,这是大概的算法。但是在未计算书架容量时,必须注意以下几点:(1)馆中现在已有书籍若干? 因为现有书籍,乃为基本收藏,必先计算。(2)每年购新书预算费若干,可估计加添数。(3)每年遗失和撤消书籍若干册。(4)馆中所有大本书之书架,较普通的书平均比例若干册,或应有普通书书架十分之一等。(5)新购之书,或捐赠之书,必须先留它的原有地位。(6)所留之空位,为便检查,并留取放整理书时的手术地位,当有相当的比例。(7)新书到馆之展览,预备写号码等手续的书籍位置。指定参考书等,也必预先留有余地。未占之空架,须为将来二十年内发展而用。每书架格板如上所说每尺可容西文书籍十册,实际容量约为七册,其余三册为新书而设。这样说来,每个书架三尺宽,每架七格,每格板可容 24 本书,所以单书架可容 118 册,双面书架,可容 336 册。但是为省手续起见,每格板要留三分之一的余地,为新书屡屡增加的预备。那末每个单书架首先只能算容 112 册,双面书架容 224 册。再有一法,有了书要求面积的要多大。就是计算书库的平方尺为 20 册,设一层(Tier)七格板的书,就是为 40 册,设二层书库为 60 册等。假如我们欲知书库内,被 20 除则给 15,000 平方尺;若两层书库则被 40 除,等于 7,500 平方尺;若三层的,被 60 除,得 5,000 平方尺等。余类推。设有一书库面积为 30'×40',欲置书架,则可用这公式:

$30 \times 40 \times 20 = 24,000$ 册,设有三层书库,其容量为 72,000 册。实际可容 57,600 册,因实际每平方尺可容 25 册。

照 Dr. Poole 计算书架的容量法,八开本的书(Octavos)可每尺容十册,四开本的(Folio & quartos)可容六册,普通平均每尺要容 $8\frac{1}{2}$ 册。欲知书架用 7"—6" 高的书架能容若干书? 其计算法亦不难。设双面的书架为 16" 深,两面放书;架之距离与过道为 32";每书架为 36" 长。每单书架占地板面等于出架深之半(8"),加过道宽之半(16"),乘书架之长(36"),即等于 6 平方尺。每书架平均有 9 格,每尺容 $8\frac{1}{2}$ 册,则每书架容 230 册,或每平方尺占地板面为 38 册。这种算法尚未计算楼梯,窗门,甬道,只算最小之出架走道也。最好用安全低些的估量数,每平方尺为 25 册。设书库为 50'×40' 的面积,用 7"—6" 高的书架,可容 50,000 册;如这书库为 35' 高,就可分为四层(Tier)书架,那就是说,要增加四倍的容量,则为 200,000 册。

所以计划书架的容量时,宜以若干年后该馆所收藏的图书册数计算,宁使余地多而藏书较少,勿使藏书过多而书架不足,更当注意于留扩充的余地。

第二十二章　演讲厅

在公共图书馆或学校图书馆内,时时须附营讲演事业,以使民众了解图书馆教育的趣旨,或提倡某部分的科学或哲理,故演讲室亦属馆中不可少的建筑。有时其他团体机关,亦可假图书馆演讲厅为临时会所。但此室不常用,亦视为附属事业,故不宜占地太多,尤不可占可贵的正楼第一二层。但较小图书馆,可以大阅览室兼充之。如必要此室时,当特别小心计划,以求合用。演讲厅宜置于地下室内,可提高地面第一层地板。因为此室要较他室高些。

讲演厅的建筑,宜求宏大宽广,注意采光,换气,调温,聚音等等装置。现代的讲演厅的设计,普通设讲台处,多设成舞台形,其正面设置演放电影机,或幻灯机处,与唱诗歌,音乐会台等。舞台前面,设置适于悬挂放电影等所用白幕之装置,以备兼供演放电影等之用。窗户或用沙玻璃,或设有蔽光帘,使便于昼间演剧及演放电影。桌椅宜特别设计,使便于听讲及笔记两用,又宜采用叠折式椅（Folding chairs），以便移置。

讲演厅大小估价法，设某图书馆开办费为＄15,000，则讲演厅若容150人，已足够用，每人所占以7方尺计，共需1,050方尺，高至少12尺，共计12,600立方尺。每立方尺＄30建筑费计，该讲演厅价值为＄3,780。

第三篇　图书馆设备

　　设备和建筑本有些相混,本篇单说设备中用具一项。图书馆用具非常繁多,除和普通用具相同的不必说明外,就是属于专用具,也不能一一说明。今就馆中最重要又最特别的分别说明在于后。

第二十三章　书架

图书馆书架如同商店货架，不但要坚牢，并且要合用。书架形式分两种：一壁书架靠墙设立，小图书馆阅览室和藏书室合并时，当然采用这种样式。大图书馆的普通阅览室和特别阅览室里边也有采用这种样式的。二两面架，两面均可藏书，通常藏书室都采用这种样式。无论何种书架，高度约七尺五六寸，取置上层图书，不必用梯。书架底层离地至少二寸，以防污损。顶上加盖薄板以遮尘土。从顶到脚约分七八层，每层距离高低不等。所藏的图书若依分类排列，每层距离不妨相等。近来新式每层隔板都是活动，可以任意上下。板架深六寸五分，两面合用的合计一尺三寸，但两面排列图书，中间应当一二寸空隙，以便流通空气，最好深一尺四五寸。架宽从二尺四五寸到三尺五六寸，若太宽，排列图书太多时，架板中央恐要下垂。倘非贵重的图书，不必要门，然后取置便当，并且能够自由流通空气。制造书架的材料,最好用钢铁,一可任重,二可防火,三不占地位。东西各国较大的图书馆没有不用钢铁制造。若嫌钢铁太冷,可涂白色物质,或用木质做衬。若不得已用木材制造,应选坚固木料,最好用樟木,这种木材发生香气,可免虫患。松木多油质,污损图书,万不可用。两用的书架,陈列藏书架时,彼此距离从二尺五寸到三尺,以便馆员往来。若书架公开,距离当更要远,约四五尺,以便阅览人往来。

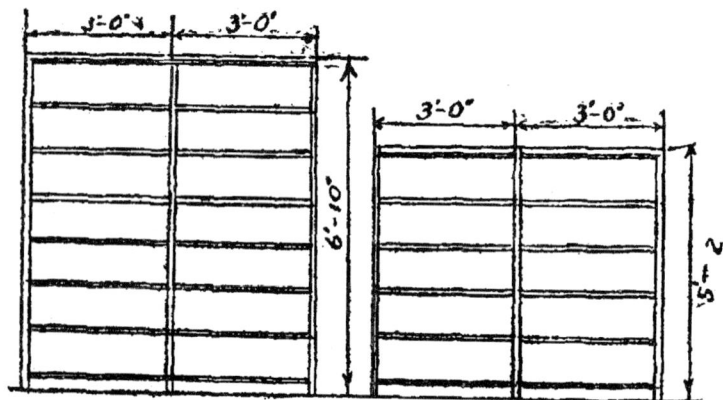

高书架每段容 175 册

第十七图

低书架每段容 125 册

第十八图

书架和大辞典架

第十九图

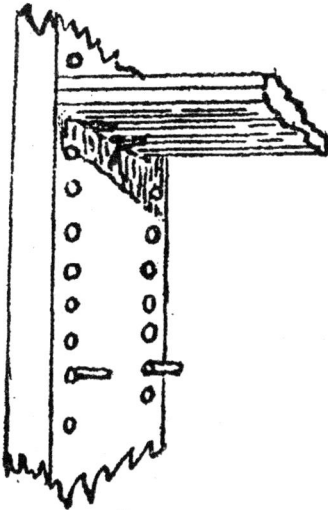

第二十图

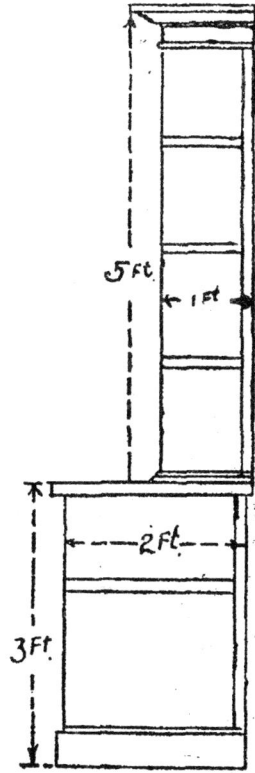

第二十一图

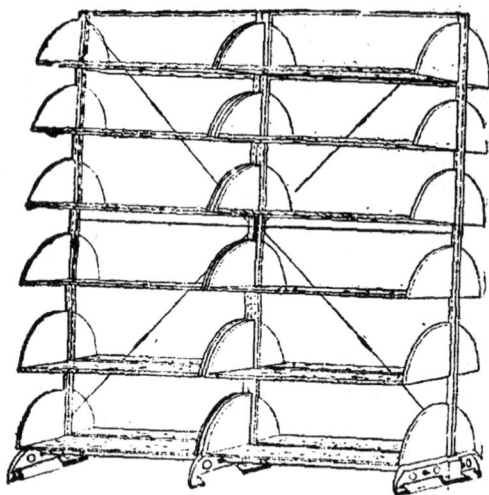

第二十二图

第二十三图

参考图书架

第二十四图

第二十四章　阅书桌

书桌　每个阅书人,约占有三尺的地位。桌的大小,就可以此类推。但很长的桌子,总不相宜,每桌以能容六人到八人为度。两桌中间,应有三尺以上的隔离。书桌以结实平坦为主,雕饰绝非必要。

儿童每人所占的地面,约为二尺。孩童无长坐静坐的耐性,每喜动手动脚,所以桌的大小,以能容三四人为最长度,高低应有两三种尺寸,以便大小长短不同的孩童。

高 3'0"　提前口
长 3'0"
宽 比　参考宽阅览桌

第二十五图

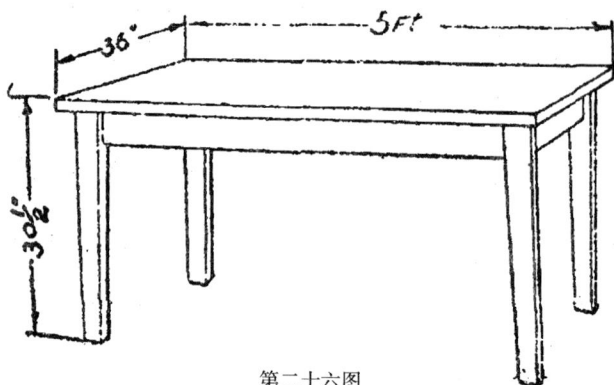

36" 5Ft

30½"

第二十六图

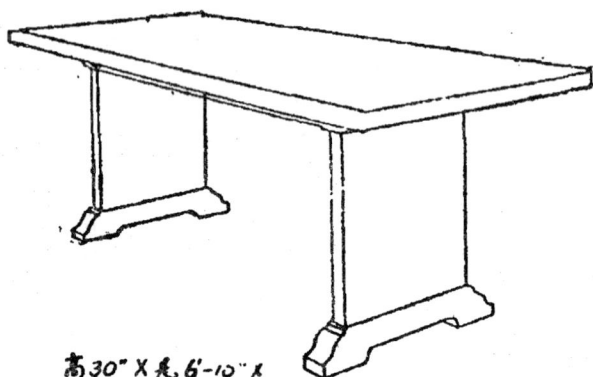

高30" X 长 6'-10" x
宽 36½"

第二十七图

第二十五章　坐椅

　　坐椅要简单,轻便,结实。如附有手把,须稍置高,使要太舒服的阅者,不能利用它做脚架。儿童用的椅子,也要有数种不同的高度。

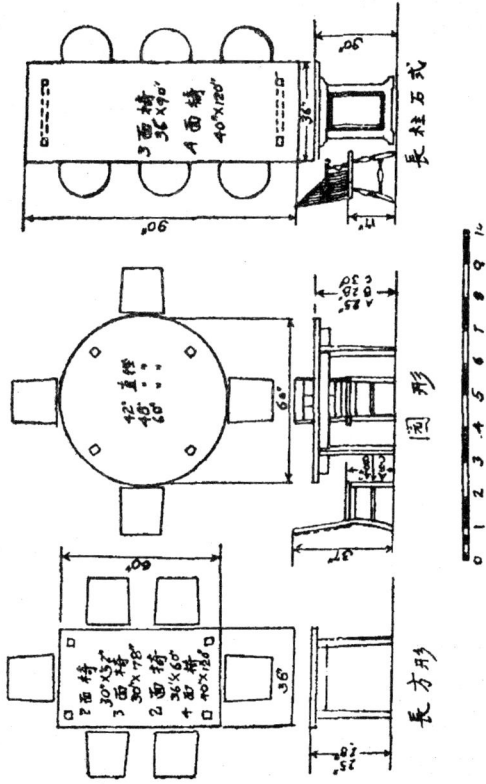

89

图书馆所用的坐椅

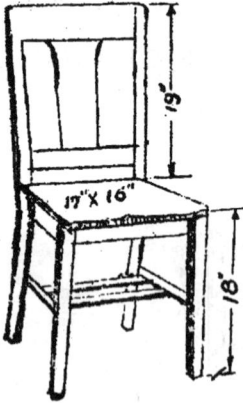

19"

17"×16"

18"

第三十一图

出照闪手椅

第三十二图

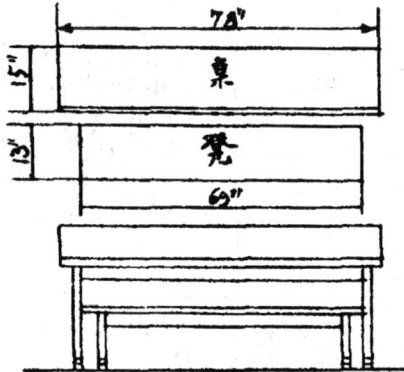

78"

15"   桌

13"   凳

62"

儿童斜面桌

第三十三图

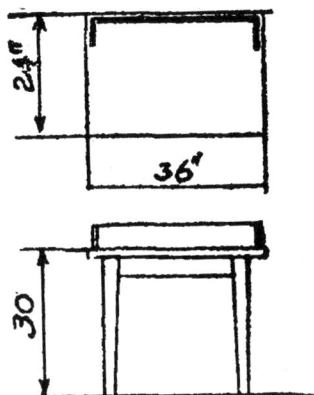

单人阅书桌

第三十四图

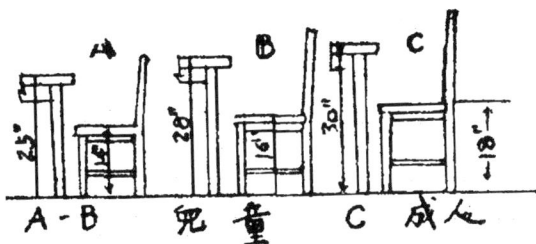

第三十五图

第三十六图

第二十六章　出纳台

图书馆如同商店,图书馆出纳台就是商店柜台,比其他用具尤为紧要。出纳台通常设在藏书室和阅览室接连地方,以便出纳图书。若在圆形或八角形阅览室,也有设在阅览室中央的。前边的一种用凹式式,平直面向阅览室,凹处设座,以便出纳图书和监视阅览人;后边的一种用半圆式,馆员坐在中央,台的门宽要随馆的规模大小规定,高,总不过二尺五六寸,制造材料应选择坚牢木质,以橡木,榆木为佳。台上应铺软皮或厚绒,以免图书接触时发生声响。台的前面用同样木质,胶塞完密,后面应有门,内设庋板和抽屉,台下置阅览票,架两边可设新书陈列架,从台到阅览室和藏书室中间应有狭隘通路,和自由开关的门,以便出入。台上出纳图书地方,在大图书馆往往仿照银行或邮政局的装置,形式用铜铁栅栏,分别出纳口,台的位置通常是固定的,间或有移动的,这是建筑的关系,不必一定。

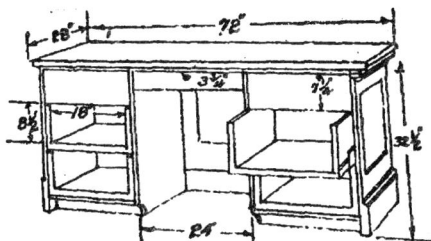

出纳台 Charing desk.

第三十七图

出纳台

第三十八图

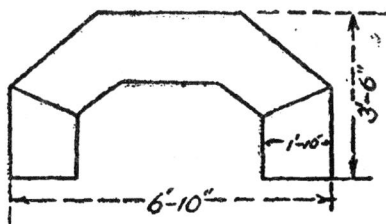

出纳台

第三十九图

93

出纳台的构造

有卡片格，座位近膝处有罚款抽屉。两个格板抽屉放借户登记卡片。一个为格板。

卡片箱下有缴回书籍格板。工作位有盒式抽屉。

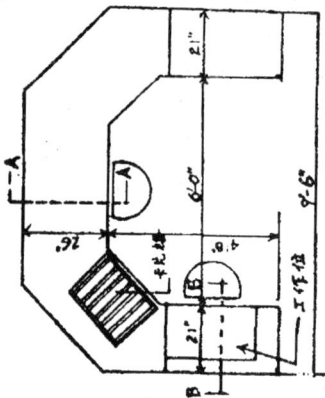

出纳台平面图

第四十一图

第四十图

B-B 剖断面
第四十四图

后面图
第四十三图

A-A 剖断面
第四十二图

94

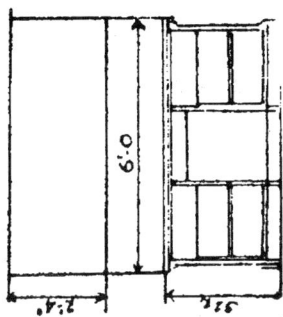

小出纳台
第四十七图

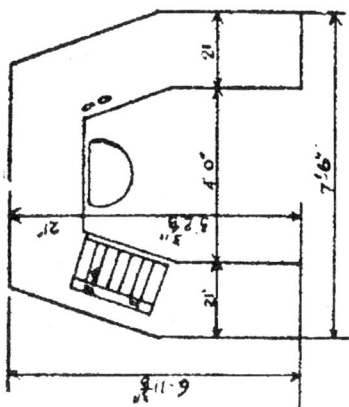

平面图后面图
第四十六图

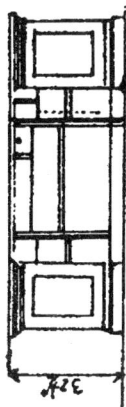

小出纳台
第四十五图

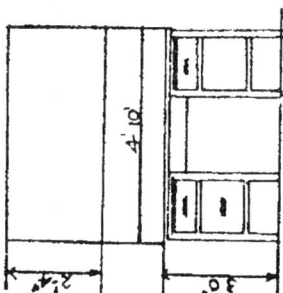

出纳台的构造有一卡片格,七个小格板为放卡片等用。还有罚款抽屉,一个抽屉为存放出纳卡片,另一个抽屉有四间断,放借户卡片及用品。尚有缴回的书室格板。

第二十七章　杂志架和报章架

　　新近杂志,应放在阅书室或杂志室内,供众阅览。杂志架当依墙设立,通常用斜面式,以醒眉目。或将架分数直格,让杂志直插其中,如从前挂在壁上的信袋一样。但每本应占一格,不宜叠置。

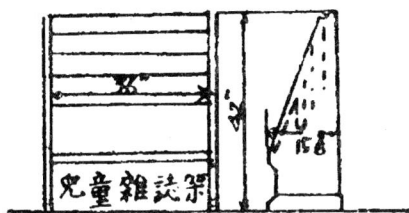

第四十八图

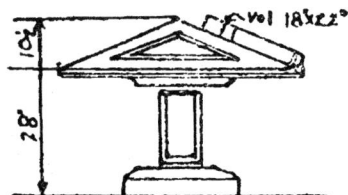

第四十九图

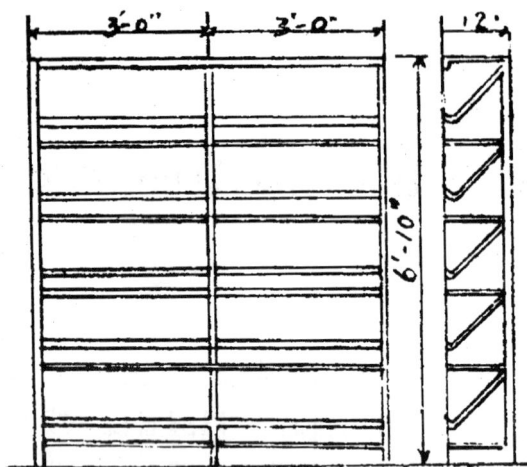

第五十图

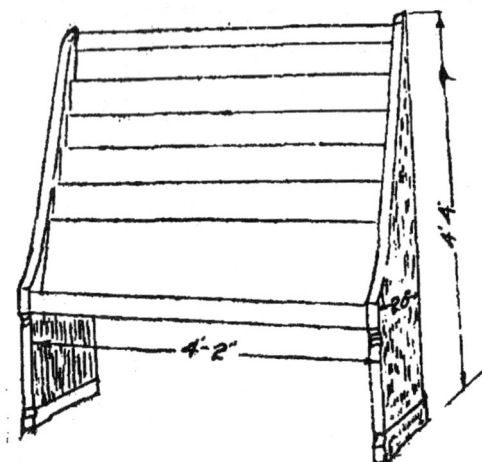

第五十一图

雜誌架

第五十二图

新闻纸架

收藏新闻纸要另制架,新闻纸大概用两开的报纸再双叠起来,长约二尺,宽约一尺五六寸,架格也要照这样大才好。

阅报台　报章杂志台形式很多,但是想使阅览人得以安坐或站立,台面应当倾斜,日报台宽约二尺六寸,陈列日报。阅报台有两三种,一种为双面对看的,一种为一面沿壁安置的,又日报有用架张挂,可站立面阅的。如图。

报章架和报纸夹 Newspaper stand & holders

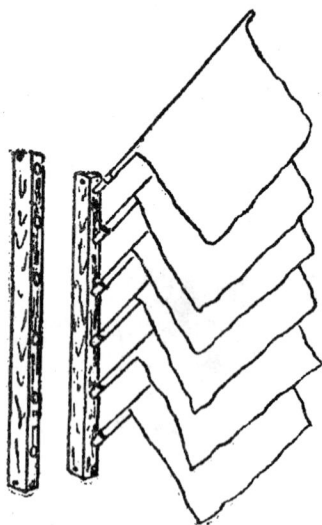

第五十三图

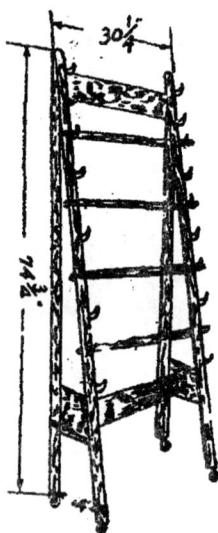

第五十四图

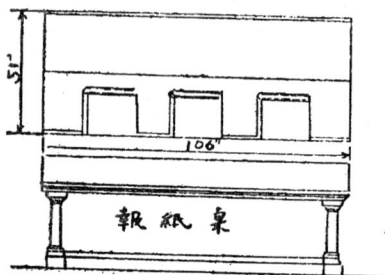

報 紙 桌

第五十五图

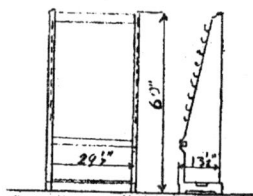

报纸架

第五十六图

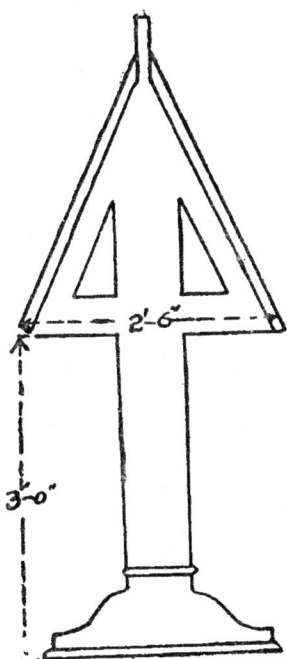
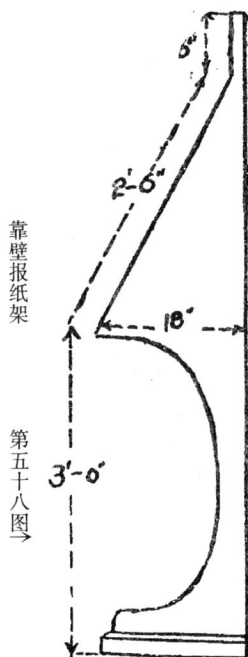

双面报纸架

靠壁报纸架

第五十七图 ←

第五十八图 →

报纸夹

　陈列报纸,须用夹板,制做材料有两种,木制和钢制两种。每份报纸,应用此夹夹好,以免损坏和散失。报纸份数少的,放在桌上或用钉挂在壁上。多的,应另制报纸架或阅报桌。

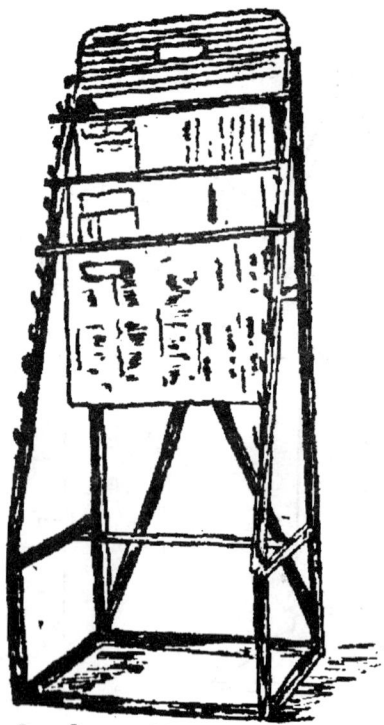

高5'—6" 宽2'—3"

新闻纸架

第五十九图

第二十八章 文件柜

文件箱分木制钢制两种。每具四个抽屉,内有特别设备,便文件夹竖立箱内,以便检取。

钢制文件箱,轻便耐用,可防火患,且装有保险锁及自动开关,可免失窃。

第六十图

Horizontal cabinet for
catalogs of various size

第六十一图

Costumer

衣架

第六十二图

第二十九章　运书架与展览架

图书馆收到了新书,应随时选择有应令阅者注意的,放在展览架上,以便翻阅。该架即放在还书处或出入口的地方,标明"你读过这一本书吗?"或"读阅新书"等字样。

第六十三图

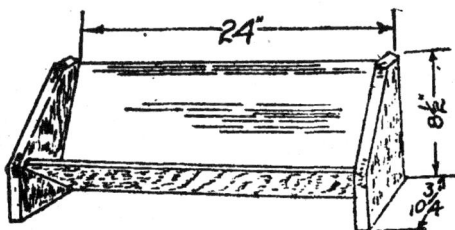

第六十四图

第三十章　目录柜

　　近来图书馆目录,多废弃书本式而用卡片目录,收拾目录片的东西,就是目录柜。制造目录柜的方法,仿佛像药店的药柜一样,装置若干抽屉,上下左右并列。成人用的,上层高三尺三四寸,下层一尺五六寸,抽屉长约一尺五六寸,深约三四寸,和目录片高低相当。抽屉里边前后穿一铁签,连贯目录片,以免散失。也有不用柜,制木盒收藏目录片,盒上加盖,内容分格,略同抽屉,开馆时把盖去掉,闭馆时再行盖上,小图书馆可以采用这种样式,比柜的价值较省。

　　普通较大的图书馆,全用目录箱,它的抽屉数,应该足够暂时装置目录卡片和相当期内扩充之用。每屉以能容千张卡片为度。屉的外面,应有标示屉内的内容之设备。目录箱装置,距地切勿过近,免使用下面的数屉时,感及困难。

目录柜与排卡盘

　　图书馆目录卡片柜,应用木制的或钢制的。目录箱用一个或二个抽屉拼成。每屉内有钢条,以便将卡片穿过以免脱落。屉外应用标框,将卡片起讫标明,以便检查。钢制的目录箱,尺寸准确,格式雅洁,地方经济,且经久耐用,可免火患,凡大图书馆多用之。

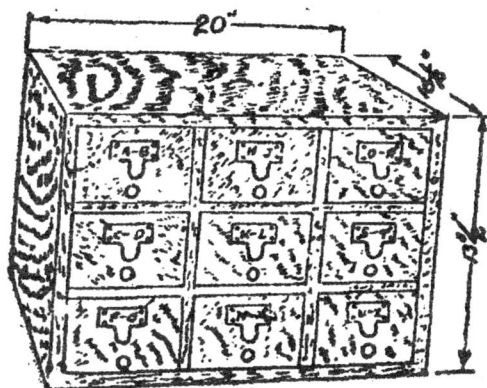

第六十五图

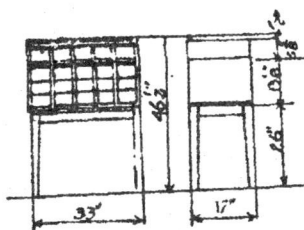

抽屉目录架

第六十六图

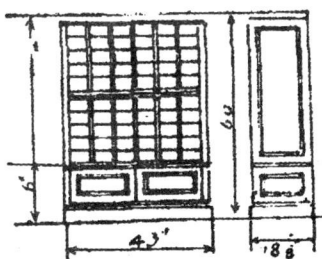

目录柜　薄卡片容 90,000
不重卡片容 66,000
厚卡片容 54,000

第六十七图

凡是图书馆所任人检阅的东西,没有一件没有次序的。比如排中西目录卡片,一定要照笔画,四角号码,汉字形位等或照 abcd 顺序排列。这个排卡盘,可以适应各种排列之用。该盘是用薄板制的,分若干格。每格有英文字母,和号码等标明。若不用此盘,必将各卡片散置桌上。虽排五六十张,桌面已掩尽了。若是排列数千百张,必至无处可放。且散置地位既广,目力难及,容易错乱,有时被大风吹散,收拾重排,大费手续。若用此盘,可免诸弊。盖无论卡片多少,均可应用。

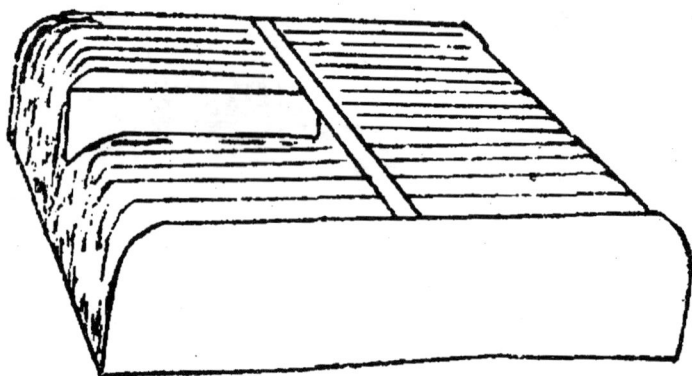

$$10\tfrac{1}{2}" \times 10\tfrac{1}{2}" \times 2\tfrac{1}{2}"$$

排卡片盘 Handy card sorter

第六十八图

第三十一章　揭示板与踏台

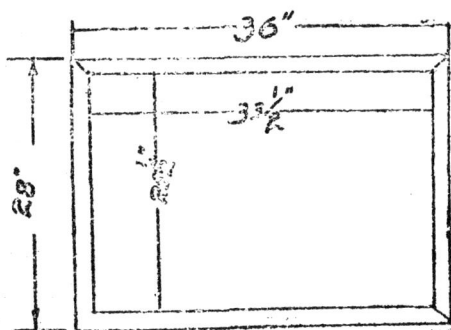

广告版 Bulletin board

第六十九图

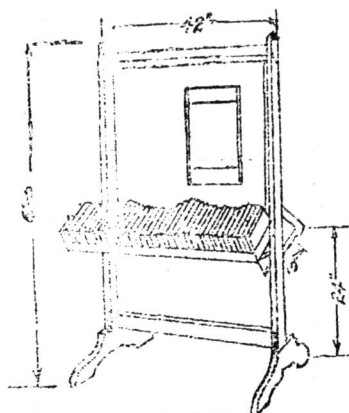

双面广告版

第七十图

踏台 Step stool, or good looking shelf stool.

第七十一图

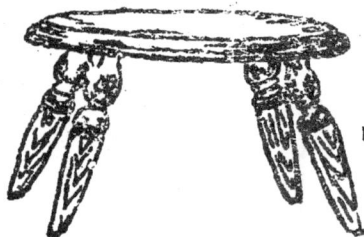

第七十二图

高 2"×宽 17"×深 16"

第七十三图

第三十二章　办公桌

后面

第七十四图

顶面 4' —6" ×2' —8" 高 2' —6"

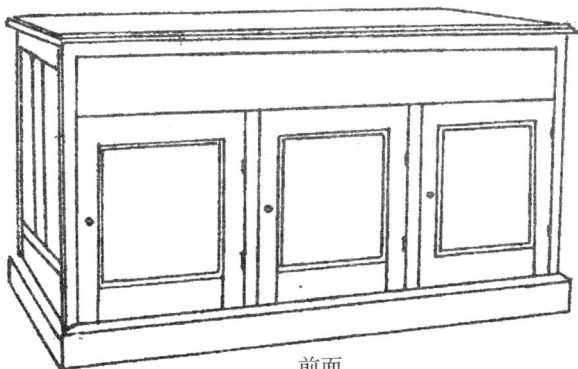

前面

第七十五图

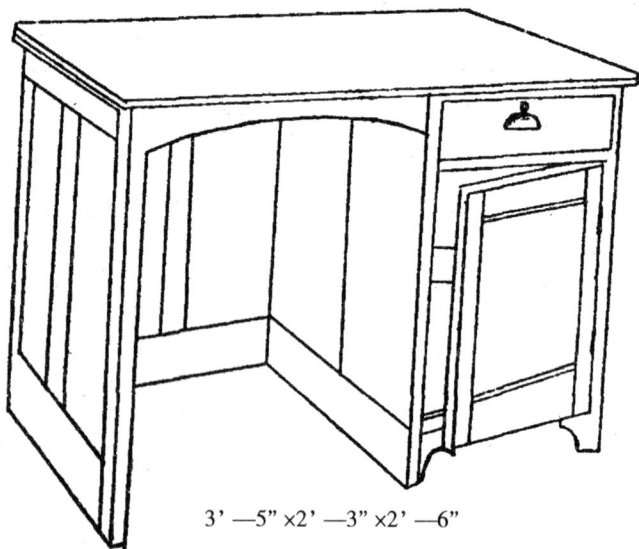

3' —5" ×2' —3" ×2' —6"

第七十六图

第三十三章　博物馆陈列柜和长凳

博物院陈列柜和座椅　　　　　第七十九图

第七十七图

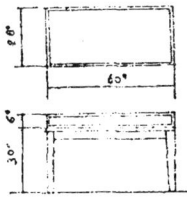

第七十八图

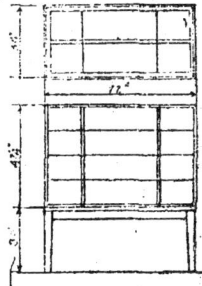

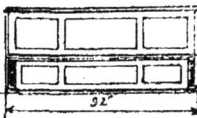

美術院座位

第八十图

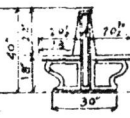

第八十一图

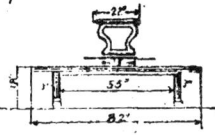

凳

第八十二图

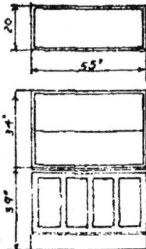

第八十三图

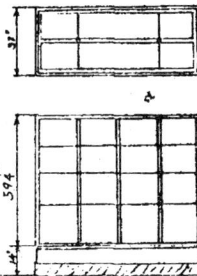

双面柜
第八十四图

第八十五图

113

第四篇　图书馆用品

　　图书馆自身有它的特殊的技术,公开阅览,又有它的相当的设备。这在东西各国,有经营图书馆用具的专门商店,例如美国的 Gaylord 兄弟公司,聘请专家监制各种用品,以应各图书馆的需要。日本间宫商店,开设较后,然日本图书馆事业发达,可以想见。近来国内新设一图书馆,则通函各处,索取各种用品样张;参观图书馆的人们,对于用具亦不吝盘问。然而他们或徒取外观的美丽;或取样制造,一任匠人支配,式样以及范本,大小材料,俱不顾之。假设全国有一个中央图书馆,或中华图书馆协会,可附设一制造印刷所,就能编制用具,式样材料都有准绳。一位全无经验学识而受命办立一个图书馆的人员,也无须跋涉长途,瞻仰八家的表面。用具为甚么要有一定的格式,因为某种东西,必有某种用处,制造取材式样,大都总稍有规定。图书馆的用具,根据了有专门学识经验的人们,给大家立下几张式样。例如卡片的大小,通常以长五英寸宽三英寸为标准,足够一书编目之用,排列起来,也不至妨碍检阅。

第三十四章　印件类

第一节　目录卡片

1.图书目录,是图书馆的锁钥。无论大小图书馆,都是必要的。向来图书馆的目录,都是用书本式的,有种种不便的地方。所以在现在的图书馆,没有不用卡片的。

图书目录,一共有七八种之多,但大别为四种:

(1)著者卡(2)书名卡(3)书架目录(4)标题卡

a 著者卡　是把著译人的姓名,列在第一项的。

b 书名卡　是把书名列在第一项的。多做为副片。

c 书架目录　照书码排列。知某类有多少书,有什么书? 必须参考书架目录。故此目录多放编目室。

d 标题卡　图书馆愈小,标题卡是愈有用的。因为书之标题比较书名和著者容易些。

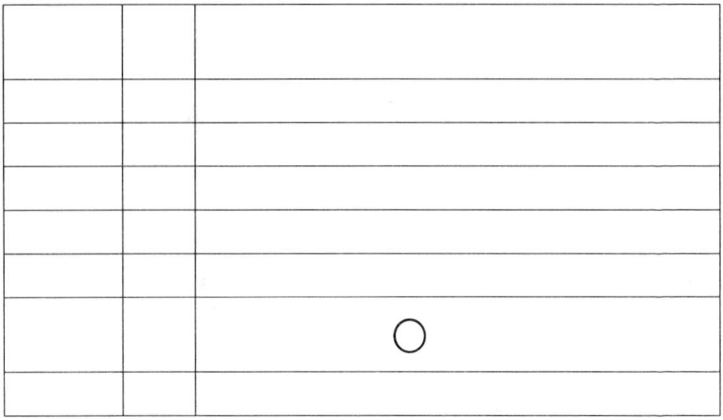

		○

Shelf – list card. 书架目录 $2'' \times 4\frac{7}{8}''$

（文华公书林用）

第八十六图

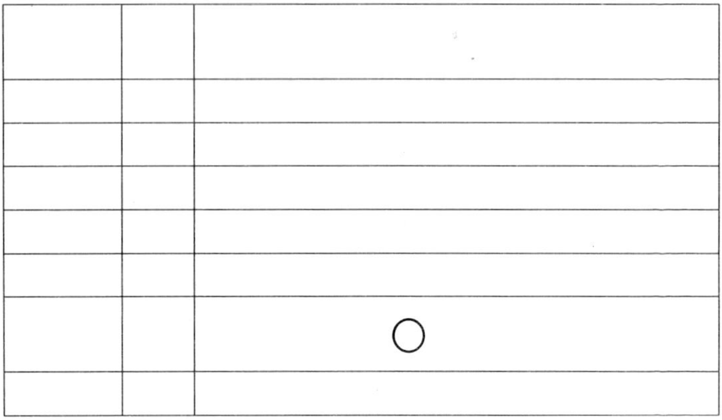

		○

Author, title, subject card. 著者, 书名, 标题卡片

实大 $3'' \times 4\frac{7}{8}''$

第八十七图

第二节 订购单及登记卡

未　　有	介绍书籍片
未　　购 ．．．．．．．．．．．．．．． 图书馆主任 ．．．．．．．．．．．．．． 校　　长 定购日期	书　名＿＿＿＿＿＿＿＿＿＿ 著作者＿＿＿＿＿＿＿＿＿＿ 出版处＿＿＿＿＿＿＿＿＿＿ 价　值＿＿＿＿＿此书作为教授参考 　　　　　　　　　或为图书馆自备 介绍人签名＿＿＿＿＿＿＿ 片后说明介绍此书之理由

介绍书籍片实大 $3\frac{3}{4}$" $\times 5\frac{1}{4}$"

第八十八图

In Library.	WRITE LEGIBLY(red)
- Already ordered - Order date -	Author's name in full - - - - - - - - - - - - - - - - - - Title - Publisher & place - - - - - - - - Date & edition　　　　Cost - - - - - - - Recommendded by - - - - - for Dep't of Give reasons for recommending on the back

英文介绍书籍片实大 3" $\times 4\frac{7}{8}$"

第八十九图

Author	
Book Title	
Cost	
Publisher	Agent
Date of Order	
Date of Receipt	
Remarks	

（清华图书馆用）实大 $2\frac{3}{4}$ ”× $4\frac{7}{8}$ ”（卡片）

第九十图

	著作者
登录号数	书名
定购期	
定购处	版次　　　出版期　　　册数
收到期	出版处　　　　　　定价
实　价	介绍者　　学系　　部数
	备注
	国立清华大学图书馆购书单

3 ”× $4\frac{7}{8}$ ”（卡片）

第九十一图

120

一、用途

这种卡片有四个用途:1. 介绍 2. 购订 3. 登记 4. 代用目录

二、用法

图书馆要添购书籍的时候,必先有馆长,购书委员会的选择,和阅者的介绍。介绍的时候,用此卡片填写一张,慢慢收集起来,就是图书馆应购的目录了。

登记 Acc. No.	左边请勿填写 please Don't Write at the Left	著者 AUTHOR(surname first)
定期 Ordered		书名 TITLE
到期 Rec'd		
实价 Cost		版次 发行所 EDITON PUBLISHER
册数 Vols		出版期 册数 部数 定价 DATE VOLS COPIES PRICE
For Dept		备注
Call No.		REMARKS
Pages		
Charge to Dept.		RECOMMENDED BY
		介绍

第九十二图

121

文华公书林购订及登记卡片
BOONE LIBRARY ORDER AND ACCESSION CARD

填写方法

1. 请缮写清楚,字句完全,以免误会。

2. 每书请用一卡片。

3. 版次之后,请写明该书系第几版。

4. 不甚著名之发行所,请并填详细地址。

5. 册数后写明该书共有几册,部数后写明该书应购几部。

6. 该书之须要购订之特别原因,即须从速购办否。

   书到后须通知原介绍人否,合请注明于备注栏。

○

第九十三图

购书单

书　名

著作者

板　本

册　数

卷　数

时　代

种　类

寄售处

备　考　（请注明该书系官书局出版或私家藏书能否征求赠送）

年　　　　　月　　　　　日　　　　　介绍者

第九十四图

ORDER BLANK
BOONE LIBRARY
WUCHANG
CHINA

武昌文華公書林訂購書籍單

When shipped.
運寄時

At once.
快寄

So as to arrive
以期

About............
收到

How shipped.
運寄法

Parcel Post.
包裹郵寄 ☐

Express.
快件運送 ☐

Freight.
貨運 ☐

Other way
其他 ☐

Ordered from 向 .... 訂購

Quantity 數目	Author 著者	Title 書名	Edition 版次	Publisher 出版者	Price 訂價

Date ordered ....
訂購日期

Signed by ....
經手人

Recommended by ....
介紹人

See opposite side for instruction.
由看背面說明

Order No. ....
訂購單號碼

Please quote this reference on your statement
請將此號記於各來件上

Approved by ....
認可人

Librarian
公書林主任

第九十五圖

123

第三节　图书总簿

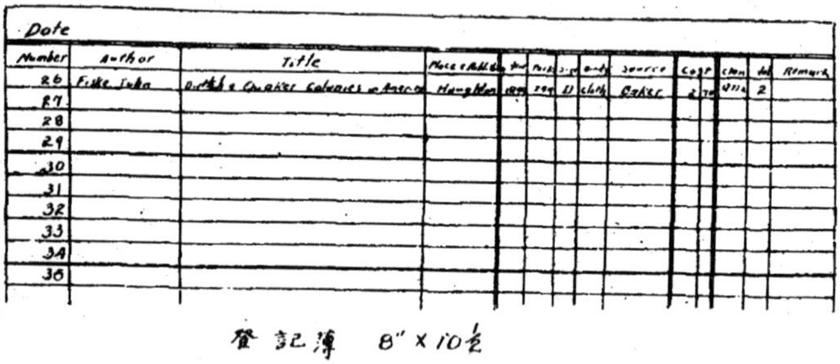

登记簿　8″×10½

第九十六图

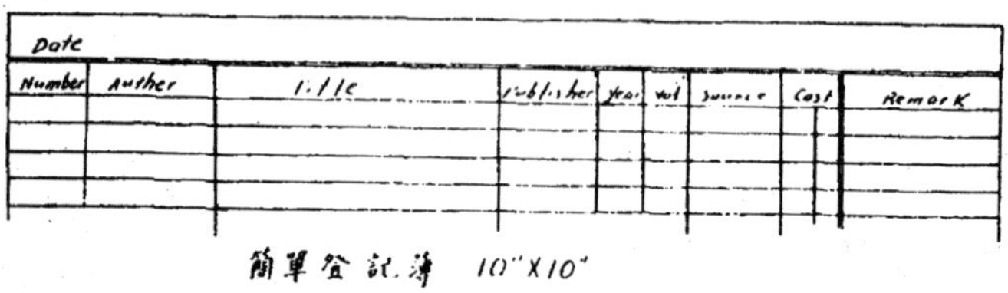

简单登记簿　10″×10″

第九十七图

一、用途　1. 登记收入新书　2. 藏书统计　3. 馆产登记　4. 新书目录

二、用法

A. 新书收到的时候,第一手续是盖章和登记,按照登记簿的格式,用楷书填写。登记号码最好用番号机,以免错脱。每本书要用一个号码,不可用重复。

B.藏书统计　图书馆藏书多少,全以登记簿为根据。我们随时翻开该书,即可知馆内现共有书多少。

C.馆产登记　图书馆登记簿,除统计图书数目之外,其作用有如商店的进货簿。可以统计馆内共有图书的数量和价值,作为馆产报告,和水火险保费的根据。故每月每年,应总结一次,以便考查。最应该注意的,登记簿纸章材料,当用上品的。

D.新书目录　图书馆每月收到的新书,照例以登记簿为根据。随时报告,使阅者知道本月内或最近收到些什么书?

E.当一书有数卷册时,有的馆员只用一个登记号码,有的每册各有一登记号码。在图书馆学上每书无同书码与登记码,再者为免出纳错误,还是每书应当有一个号码。如果某书遗失,再补购时,亦当另立新登记号码,将原失书备注格内注名。

第四节　杂志特用目录片

期刊登记卡片有五种　1.杂志登记　2.季刊登记　3.月刊半月刊登记　4.旬刊周刊日报登记　5.不定期刊登记

（排列号）														
年	卷	正	二	三	四	五	六	七	八	九	十	十一	十二	备 注
											清华大学圕杂志登录片			

（正）

第九十八图

出版处		地址
价　格		定购处
定期	备注	付款日

（反）

第九十九图

登录号数	登录日期	卷数	出版日期	备注

19－10－500　　　　　　　　　清华大学图书馆杂志登录片

第一百图

发行处			定价
订购处			
副 刊	种　　类	出版情形	付款期

清华大学图书馆期刊登录

第一百零一图

季刊和不定期刊登记卡片

月	卷数	期 数		月	卷数	期 数	
1				7			
2				8			
3				9			
4				10			
5				11			
6				12			

第一百零二图

月刊登记卡

年	卷数	一月	二月	三月	四月	五月	六月	七月	八月	九月	十月	十一月	十二月

第一百零三图

128

旬刊和周刊登记卡片

月	卷数	期		数	月	卷数	期		数
1					7				
2					8				
3					9				
4					10				
5					11				
6					12				

第一百零四图

英文日刊登记卡片

	1	2	3	4	5	6	7	8	9	10	11	12	13	14	15	16	17	18	19	20	21	22	23	24	25	26	27	28	29	30	31
Jan.																															
Feb.																															
Mar.																															
April																															
May																															
June																															
July																															
Aug.																															
Sept.																															
Oct.																															
Nov.																															
Dec.																															

第一百零五图

中文日刊登记卡片

月　份＼日　期	1	2	3	4	5	6	7	8	9	10	11	12	13	14	15	16	17	18	19	20	21	22	23	24	25	26	27	28	29	30	31
正　月																															
二　月																															
三　月																															
四　月																															
五　月																															
六　月																															
七　月																															
八　月																															
九　月																															
十　月																															
十一月																															
十二月																															

第一百零六图

第五节　借出领借证和借书人登记簿

一、这种卡片是领借书券前用的。它的用途有三：

1.审查借书人资格　2.审定借书人数　3 保证借书人遵守图书馆规则

二、借书人登记簿，是将借书人依次登记在簿上，给予借书券码，然后依码发出借书券。从这本簿上，可以知

130

道某年月日馆内借书人若干,作为借书统计之根据。等于催书或罚款的时候,可于簿中找借出人的地址或电话号码。

第　号　　　　　　登　记　卡

No REGISTRATION CARD

文华公书林

BOONE LIBRARY

请勿填字在此线上

DO NOT WRITE ABOVE THIS LINE.

余为⋯⋯⋯⋯⋯⋯⋯请求有向公书林借阅书籍之利益。愿力遵各项借书规则,善为爱护余所借阅各书,若有逾期不还及损坏失落情事,愿遵章缴纳罚金或依原价赔偿。

I,⋯⋯⋯⋯⋯⋯⋯hereby apply for the right to use the Library. I promise to obey all its rules, to take good care of all books. I borrow , and to pay promptly all fines or damages chargde to me.

日期

Date⋯⋯⋯⋯⋯⋯⋯⋯⋯　　○⋯⋯⋯⋯⋯⋯⋯⋯

　　　　　　　　　　　　　　签名 Sign Full Name.

第一百零七图

姓名
NAME IN FULL CHINESE.
(有英文名者请填右线上)
ENGLISH
永久通信处
HOME ADDRESS：
现在通信处
PRESENT ADDRESS：
职业
YEAR ENTERING BOONE：

本校学生请加填下二事项

CLASS AT BOONE：学级
YEAR ENTERING BOONE：入校年月
REMARKS：附注
INTRODUCED BY：介绍人

第一百零八图

册数	借者	借期	还期

Book Card 书卡 3"×4 $\frac{7}{8}$ "
第一百零九图

国立清华大学图书馆
普通图书出纳券
书证号
姓名　　　　学号

书号	登录号	借书日期	还书日期
………			
………	（　）		
………	（　）		
………	（　）		
………	（　）		
………	（　）		
………	（　）		
………	（　）		

Borrowers' card 借书证
第一百十图

（清华图书馆用）

132

No.	
Good until	
Name 姓名	
Address 地址	

IS ENTITLED TO DRAW BOOKS FROM THE

BOONE LIBRARY
WUCHANG.

武昌文华公书林借书券

AND IS RESPONSIBLE FOR ALL BOOKS
TAKEN ON THIS CARD

LOANED 借	RETURNED 还	LOANED 借	RETURNED 还

第一百十一图

第一百十二图

一、每本书全有个书卡,它的用途:1.作为借出书籍之根据 2.检查借书人 3.检查借出日期 4.检查书籍之流通

二、在较大图书馆,流通的书多,在某日期内欲检查某类书,颇费时间,故在大图书馆书卡分几种颜色,以便分别。

三、借书券这种卡片有四个用途:1.借书凭据 2.限制册数 3.限制日期 4.统计借书

第六节　借阅图书统计表

清华大学图书馆

民国　　　年　　月　　　　　　　　　　　　　　　　　统计表

册数＼类别＼日期	000 总类		100 哲学		200 宗教		300 社会科学		400 语言学		500 自然科学		600 应用艺术		700 美术		800 文学		900 历史		总计
	中	外	中	外	中	外	中	外	中	外	中	外	中	外	中	外	中	外	中	外	
1																					
2																					
3																					
4																					
5																					
6																					
7																					
8																					
9																					
10																					
11																					
12																					
13																					
14																					
15																					
16																					
17																					
18																					
19																					
20																					
21																					
22																					
23																					
24																					
25																					
26																					
27																					
28																					
29																					
30																					
31																					
总计																					
备注																					

1.图书馆借书统计,分借书与阅览二种。

2.借阅者,系指借出馆外的书籍。阅览是在馆内阅览的。这种统计,均以取书条为根据。

第七节　催还借书单

国立清华大学图书馆阅览股
还书通知单
请即将下列图书 归还图书馆为盼   1.放指定参考 2.有人预借 3.改编 4.逾期多日
21－10－6000

第一百十四图

第八节　罚款通知单

1.借书逾期或遗失时通知罚款用。凡过期来还的书,应每书填通知单一张,将姓名,第号,住址,书码,借出期,应还日期等填上,夹书卡上。

2.此单较书卡短一寸,所以书本上的书码书名等,不致被盖着,还的时候,看见书卡上夹有通知单的,就此知道此书应有罚款。

第　次催书单

阁下于　月　日所借　书　本业已逾期
曾经函催　次迄未缴还兹再函达务祈将所借
之书及按照本馆逾期规程所罚之铜元　枚一
并交付事关公益当蒙谅凿此致
先生

中华民国　　　　文华公书林出纳股启

年　月　日

$3\frac{5}{8}$"$\times 5\frac{1}{2}$"(卡片)

第一百十五图

BOONE LIBRARY

--193

We would remind you that the book------------------------------ taken on

your card on ------------------ 193　has not yet been returned to the library.

Yours truly,

S. T. Y. Seng, Librarian,

Card No　　　　　　　　　　　Per

$3\frac{1}{4}$"$\times 8\frac{1}{2}$"催书条

第一百十六图

$3\frac{1}{4}$" $\times 8\frac{1}{2}$" 催交罚款单

第一百十七图

第九节　书籍装订指导单

1. 图书馆装订旧书和杂志,若没有一标准单子,就很容易致误。而且口头上授受也很靠不住的。若把装订的格式,用布的或皮的,颜色,一一详细写上,那么装订的人,可以照办。

137

社
会
经
济
史
学

第一卷
第　第
一至四
号　号

国立北平图书馆

第一百十八图

装订式样 Style	背上金字 Letter for Back
颜色 Color	书名
	著者
装订方法 Other Directions	版期
	册数
此纸仍请退还 Return this slip with book	书号
	馆名

装订单　实大5"×3"

第一百十九图

第十节　图书袋

1. 书袋是拿来安放书卡用的,此外没有什么用处。每本书上,却又不可少的。

2. 书袋可以填上书码,以便借书时与书卡对核,而防错误。

3. 书袋上也可以摘录借书规则。

Call No	Acc.No

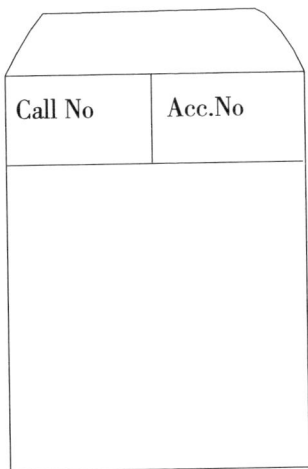

第一百二十图

国立清华大学
图书馆

....

....

第一百二十一图

第十一节　日报登录单

第十二节　分类号签和书标

参考书标，以辨别参考书与普通书用。凡是参考书，照例不能借出。但恐阅者不能辨别，故应贴参考书标。

参考书标有二种，一种贴书脊上，一种长高形贴在封面的里面，以便开卷即见。

此签系贴于书脊，以记分类号数，而便排列与检取也。所贴地位通常在书脊之下端，离上根约二寸六分许。

写毕分类号码,在签上涂以明胶,以免污损。圆形较方形为佳质因不易耸起。现在之图书馆亦有不贴此签,而用一种黏,涂于书背,以白粉水写之。此种亮油西名为 Shel-lacl。书标纸纸质宜薄,以便黏贴,否则必易脱落。

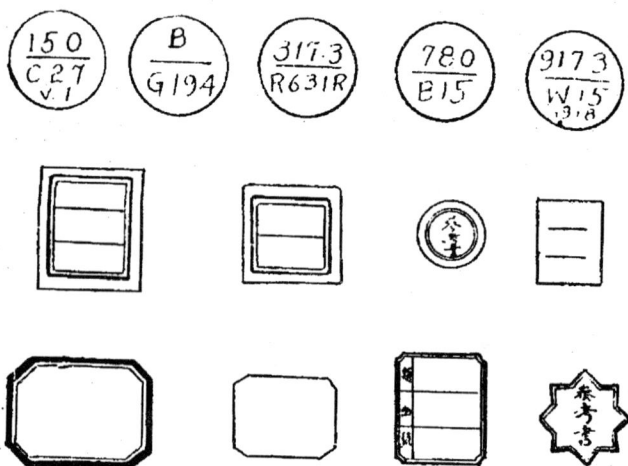

第一百二十二图

140

第十三节　补缺杂志函片

```
启者前问
贵处所订
兹查　第　　　　卷第　　　　期　份
迄今尚未收到即祈
查核补足
寄下为盼此致
　　　　　　定单
订期　　　　启
```

订购用补缺杂志函片

第一百二十三图

第十四节 征书函片

敬启者 敝馆为搜罗各种杂志藉供众览起见拟请

贵 将出版之

便学者之研究而资保存至希

俯允无任欣慰谨此顺颂

公绥

　　　　　　　　　　　　自第一期起检赐全份俾

　　　　　　　　　　　国立北平图书馆启

　　　　　　　　　　　　　月　　　日

第一百二十五图

敬启者顷闻

贵处编有

内容丰富材料新颖洵研究学术必备之参考刊物敝馆亟需搜罗以供众

览特此函达敬请惠赐一份毋任感盼藉颂

公绥

　　　　　　　　　　　国立清华大学图书馆谨启

　　　　　　　　　　　年　　月　　日

第一百二十四图

142

敬启者　本馆对于新旧书籍广事搜罗但见闻有限终不免沧海遗珠特请贵处将最近所编新旧目录检送二份并希嗣后所出书目随时送到以便翻阅选择分别购取是为至荷此致

台照

燕京大学图书馆

月　日

第一百二十六图

Tsigu Hua College Library
Peking, China.

Dear Sir:

Kindly send us a copy of your latest catalogue and departmental pamphlets and please place the name of our library on your permanent mailing list to receceive all future publications.

Yours respectfully,
librarian.

(Post card)

第一百二十七图

径启者顷承

贈寄

敬领雒诵丰富纯粹兼擅其长无任感佩自当登记珍藏以备参考惟嗣后

贵 是否按期赐送或须备价订阅均乞示知 并附上

本校出版品目录一纸 如

查其中有与

贵 相当交换者即希

赐复以便分别办理实纫学谊袛颂

撰祺

燕京大学图书馆启 月 日 册

交换函

第一百二十九图

敬启者屡承

惠赠 无任感谢谨郑重编庋以供众览兹查

尚付阙如至希 卷 期以后敝馆

源源赐下俾便学者之研究如已停刊亦请示复为荷此致

国立北平图书馆启 月 日

第一百二十八图

144

径复者接展

台函备悉一是承

赐书籍亦已收到即当登录庋藏以备参考所嘱交换刊物特照检上请烦

奉

察收并请以后源源赐寄刊物藉资交换是为至盼此致

燕京大学图书馆启

谨收到

谨寄上

年　　月　　日

第一百三十一图

敬启者敝馆发行

刊一种年出

拟目

贵　　卷　　期起按期与

　　出版之

俯允尚希　　交换如蒙

赐复为荷此致

国立北平图书馆启

月　　日　　期

第一百三十图

145

第十五节　志谢片

敬启者前承

惠赠左列之书业已收到喜

巨帙之分颁感

高情之下逮沦新知于典籍明示津梁沛

嘉惠于士林珍同圭璧敬为拜领妥事庋藏用启多闻备供众览倘荷源源见寄尤

当拜赐多多特肃复函藉鸣谢悃此致

谨收到

　　　　　燕京大学图书馆启

　　　　　　年　月　日

惠赠图书深纫

厚意除分别编目善为珍藏以供众览外谨此鸣谢祗颂

公绥

计收

　　　　　台鉴顷承

　　　　　启

第一百三十二图

1.此片用于收到印刷品等用。

2.人家送给我们的印刷品，都是很诚意的。所以我

146

们应该去函致谢。若果没有简便的方法,每次收到印件,都要写信,岂不是麻烦得很? 所以要有这种卡片。

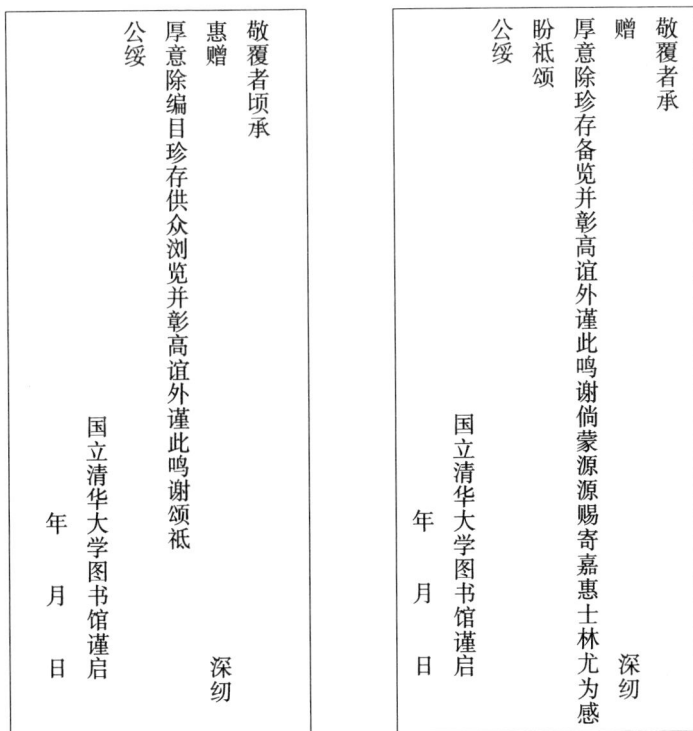

敬覆者承
赠
厚意除珍存备览并彰高谊外谨此鸣谢倘蒙源源赐寄嘉惠士林尤为感
盼祗颂
公绥
　　　　　　　深纫
国立清华大学图书馆谨启
年　月　日

敬覆者顷承
惠赠
厚意除编目珍存供众浏览并彰高谊外谨此鸣谢颂祗
公绥
　　　　　　　深纫
国立清华大学图书馆谨启
年　月　日

第一百三十三图

中文志谢片　实大 $3\frac{1}{2}$" $\times 2\frac{1}{2}$"

中文志谢片　实大 $3\frac{1}{2}$" $\times 5\frac{1}{2}$"

西文志谢片　实大 $3\frac{1}{2}$" $\times 5\frac{1}{2}$"

```
                                      Tsing Hua College
                                      Peking China
    The library has received from you 193   for which I have the hon-
or to return grateful acknowledgements.

                                      Your respectfully,
                                      Librarian.
```

第一百三十四图

```
              National Library of Peiping
                      Peiping
The library has received from you
a valued addition to its collections for which I have the honor to return
grateful acknowledgements.

                          Very respectfully,
                          Your obedient servant,
                          Librarian.
```

第一百三十五图

```
                         ...........................
                         .......................
                         ..................
Dear Sirs:
    We beg to acknowledge with thanks the receipt of the following:

--------------------------------------------------------------------
--------------------------------------------------------------------
                          Yours truly,
                          Librarian
```

第一百三十六图

第十六节　志谢签

1.凡收到外间赠送来的图书,除去函谢外,应将赠者姓名或机关名称,填入志谢签上,亦贴在封面里面,以志不忘。

北平育英学校图书馆

Yuying

School Library

Peiping

先生捐赠

第一百三十七图

第十七节　里书标

1.辨别各馆的图书　2.增加阅者爱护图书之观念
3.增加美感观念

A.辨别各馆的图书　各馆的图书,当然应有各个的识别。里书标上,印有图书馆的图名,该书的书码,登记号数,和登记日期。贴在封面的背面,以便识别。

149

B.增加阅者爱护图书的观念　图书馆员对于图书，愈加爱护，那末看书的人，也愈爱护。譬如每本书都用书标，整整齐齐的贴好，很容易令阅者注意，引起他尊重那图书馆的心理。

C.增加美感　爱美的心人人都有，图书馆的书贴了里书标，就于整齐上，美感上，增加效力。固然图书馆的图章，虽然可以辨别它的所有权，但是对于美感上，没有什么效果，不能令人爱悦。盖章的时候，若果打得不整齐，更令人望之生厌。所以里书标设计精美的图案，实增加美感不少。

第十八节　指引卡片

图书馆有了数千万张卡片，依着字顺或书码排列。其中虽有一定的次序，但是找查的时候，颇无从着手。有了指引卡片，就容易多了。每隔卡片三五十张，即应用指引卡一张将一字或第一码标明在标头上，以示起讫。卡片的标次形式，有三开式及五开式等，普通以五开式用途较多。

第十九节　期限表

限期交还书籍,在表上的方格子内,盖上限期的印。那末阅者与馆员一望而知这本书应该什么时期要交还。

盖日期有的盖交还日期的,亦有盖何日借阅的。

第二十节　取书条

现代的图书馆,虽然是提倡开架式,但事实上因为失书的太多,或因书籍时常凌乱,因此多采用闭架式,故向书库取书,不得不用取书条。将此条放于图书馆卡片目录箱上,应备一个木盒或纸盒,以便安放取书条之用。

索书号码	育英学校图书馆借书单		
	著作者		
	书　名		
	卷　第		
备　注	借书人 {	年　　　　组	
		姓　名	
	到　期		

（请勿自注）

注意:每单索书一本须用正楷书写

第一百三十八图

151

第二十一节　参考通知单

图书馆要能活用图书,是为要务。因为不能利用图书,虽分类编目怎样完备,馆长对于管理上怎样勤恳,也是徒然。要能活用图书,先要指导阅览。

第三十五章　图书馆各种文具用品

第一节　文件夹

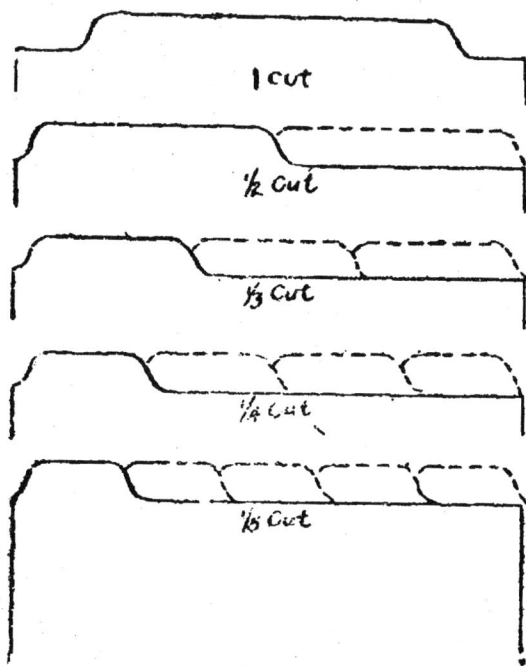

文件夹

第一百三十九图

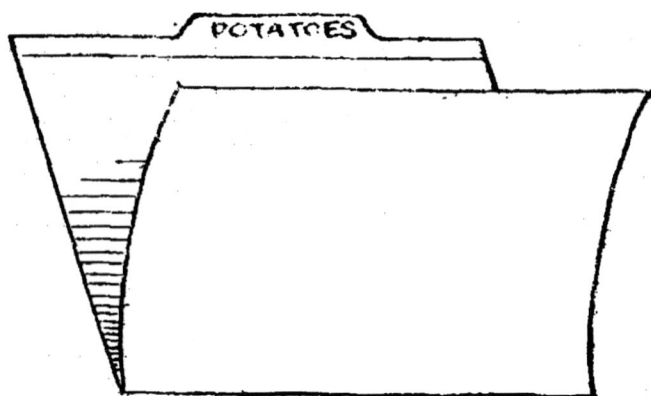

第一百四十图

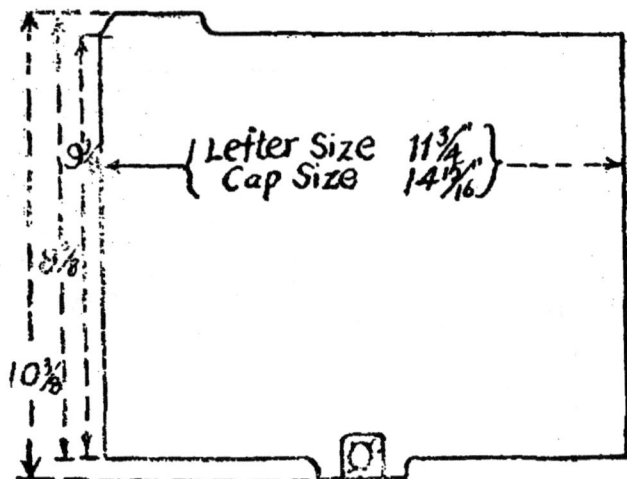

第一百四十一图

154

1.图书馆各种文件，书单图表，信札，报告，小册单据，等等，均应分类庋藏，照图书分类法每类给以指定的号码。

2.根据分类表，各项文件，应将号码注明该件上。每类或若干类，应用文件夹一只，将该件夹存在内。文件夹上凸出之标头，即为标注号码及类目之用。

第二节　小册子盒

凡普通小册子，或各机关出版的继续刊物，馆内不能一一编目，宜用小册子盒，分类庋藏，以便检查。大小颜色，宜用一律的。盒外应标明类目及号数。

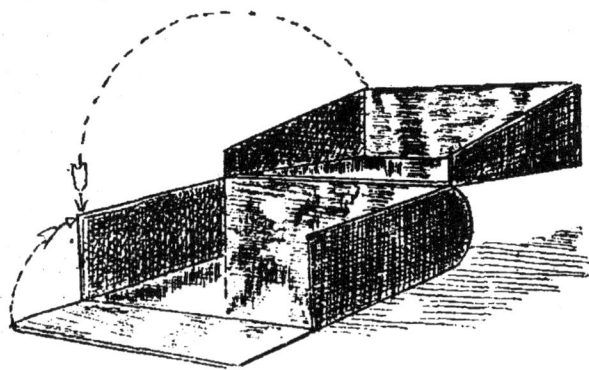

小册子盒

第一百四十二图

第三节　出浮藏书印机

Embossing Stamp

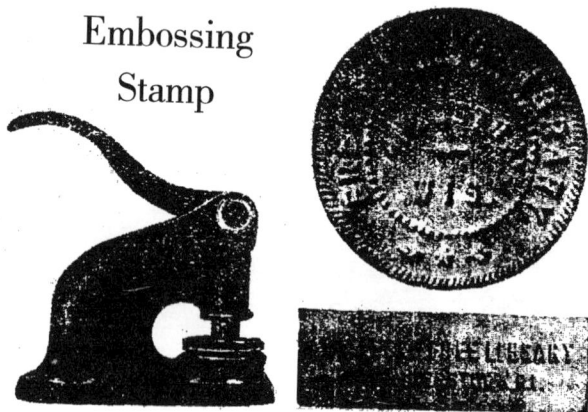

第一百四十三图

第四节　杂志穿孔锥

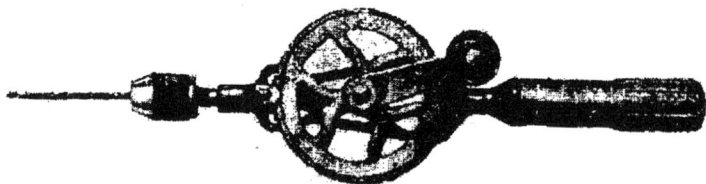

第一百四十四图

第五节 书架附属品

1. 书撑（Book susports）
图书馆书籍插架,例必每行
略留数寸地位,以便新书随
时插入。因此最后数本,若
是薄本书,就容易倾倒,所
以要用书撑。

第一百四十五图

第一百四十六图

157

第一百四十七图

2. 书架标目框（Shelf label holders）

Case Label Holders

第一百四十八图

364 Juvenile Delinquency

第一百四十九图

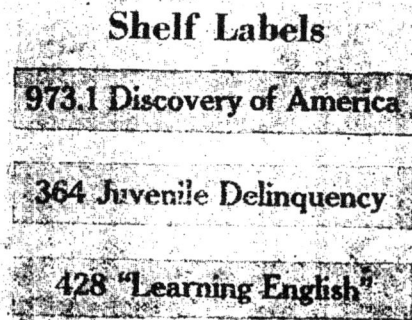

Shelf Labels

973.1 Discovery of America

364 Juvenile Delinquency

428 "Learning English"

第一百五十图

第六节　白粉与明胶

图书馆的书标,都是用白粉写的,在未写白字前,应在书脊上先涂亮油。但无论黑色或白色,书写之后,再加涂亮油,则水洗亦不脱。布上写白字亦然。

亮油用于保护书标书面及指引卡用。图书馆的书标,和指引卡的标头最容易损污。宜用亮油涂之,可以免尘埃和手汗。

第七节　图书馆标准字帖

图书馆各种卡片,书标,应用标准字体,以求一律。各馆员均应练习,以免彼此分歧,致目录书标,或大或小,或正或草,既不雅观,又损目力。

第八节　切纸刀和制本截断机

裁切图书馆各种卡片,表格,图照等用。刀板附有尺度,可作切件整齐雅观。

第一百五十一图

第九节　日期戳

Pencil Date Holders

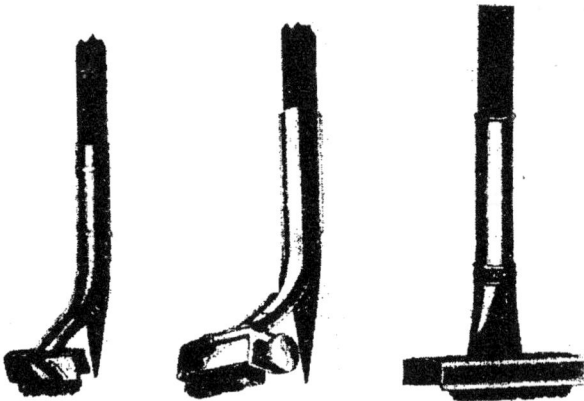

第一百五十二图

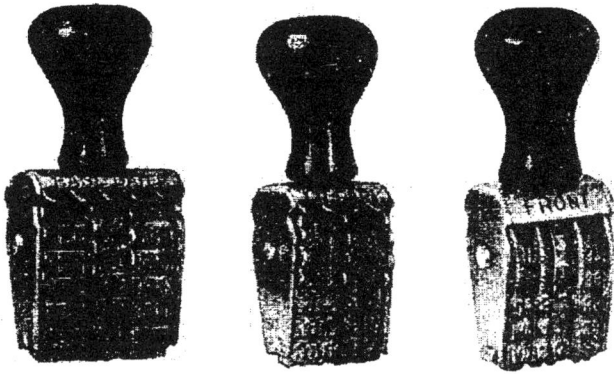

第一百五十三图

图书馆建筑与设备参考书目

ABBREVIATIONS OF
PUBLICATIONS QUOTED

A. L. A. B. —Bulletin of the American Library Association.

Int. Conf. —International Conference of Librarians.

Ia. L. C. Q. —Iowa Library Commission Quarterly.

L. —Library.

L. (N. S.) Library (New Series)

L. A. —Library Assistant.

L. A. M. N. —Library association Monthly Notes.

L. A. R. —Library Association Record.

L. A. T. —Library Association Transactions.

L. C. —Library Chronicle.

L. J. —Library Journal.

L. N. (U. S.)—Library Notes (Edited by Melvil Dewey.)

L. O. —Library Occurrent.

L. W. —Library World.

L. Wk. —Library Work.

P. L. —Public Libraries.

W. L. A. B. —Wisconsin Library Association Bulletin.

图书馆演进史

李明澈译　图书馆之构造　教育公报第五年第四期

李小缘　图书馆建筑·图书馆学季刊二卷二期
　　385—400面　民国十七年

戴志骞　图书馆建筑　教育丛刊图书馆术专号

杜定友　科学的图书馆建筑　东方杂志第二十四卷
　　第九期　民国二十一年

杜彦耿　工程估价　上海市建筑协会建筑月刊创刊
　　号　民国二十一年

杜定友　图书馆的建筑　见图书馆概论第六章

松夫　图书馆建筑应注意之点　上海,时事新报
　　民国二十一年十一月十二日

松夫　图书馆建筑方法论　上海,时事新报　民国
　　二十一年十一月九日

申报　东南大学建筑之规模　民国十一年一月九日

建筑章程　建筑月刊,创刊号　民国二十一年十一
　　月

田洪郁　对于图书馆建筑应注意之点　民众教育月
　　刊,民众图书馆专号

马宗荣　图书馆的设备　见现代图书馆经营论第六
　　章,57—98面　上海,商务　民国十七年

戴岳　中国建筑材料发展史　北大月刊,第七号

Eastman, W. R. Evolution of the library building plan.
　L. J. 48:215 - 16,Mar. 1,1923.

Hutchins, F. A. Evolution of library buildings. W. L.
　A. B. 2:57 - 8,JL1906.

Ranck, S. A. The library building of the future. L. J. P.
　959,1926.

图书馆建筑理论

黄钟琳　建筑物新的趋向　建筑月刊创刊号

Adams, M. B. Public libraries: their building and
　equipment. L. A. R. 7:161 - 77,220 - 36,1905.

Andrews,C. W. Economics of library architecture.

Archer, W. Essential features of a library building. L.
　A. M. N. 4:46 - 8. 1883.

Bolton, C. K. Planning libraries. P. L. 6:620,1901.

Bostwick, A. E. American Public library. Appleton,
　P. 3l4 - 45,1929.

Bostwick, A. E. Humanizing a library building. L. J.
　52:807 - 10,Sep. 1,1927.

Briscox, W. A. Library planning. Grafton & Co. 1927.

Brown, J. D. Manual of library economy. Wilson,

P. 107 – 66, 1920.

Brown, J. D. Open access lending department. L. W. 9: 41 – 7, Aug. 1906.

Brydon, J. M. Public library architecture. L. A. R. 1: 258 – 62, 1899.

Building are not libraries. P. L. 14: 56, 1909.

Building of public libraries. L. W. 7: 135 – 6, 1905.

Carlson, H. J. Library architecture. L. J. 48: 1049 – 51, Dec. 15, 1925.

Champneys, A. L. Public libraries: a treatise on their design, construction and fittings, with a chapter on the principles of planning and a summary of the law. Scribner, 173p, 1907.

Clark, S. T. Lessons as to library construction and equipment from the San Francisco fire. L. J. 32: 258 – 9; P. L. 12: 255 – 7.

Cooper, T. E. Library architecture. Libn. 2: 305 – 6, 2: 346 – 7, 2: 231 – 3, 271 – 2, 305, 37: 72 – 3, 119 – 20, 1912.

Cooper, T. E. Library architecture. Libn. 2: 231 – 2, 271 – 2, 305 – 6, 346 – 7, 499 – 9, 428 – 9, 470 – 2, 4: 221 – 2, 1913.

Comfort and a library kitchen. P. L. 10: 237 – 9, May,

1905.

Cutter, C. A. Library architecture. L. J. 10:35,1835.

Dana, J. C. Library primer. Library Bureau, P. 28 – 52,1920.

Dana, J. C. Library building. P. L. (7) 406 – 407, 1905.

Dewey, M. Competition of architects on library plans, P. L. (8)63 – 64,1903.

Discussion on the planning of library buildings. L. J. 2:31 – 2,1877.

Discussion on library buildings. L. J. 4:292 – 2,1879.

Discussion on architecture and planning. L. A. R. 5: 301 – 5.

Dudley, C. R. Library architecture. P. L. (12) 267 – 69,1907.

Earle, C. C. How to building a library. L. J. 17:124 – 5,1892.

Eastman, L. A. Furniture, fixtures and equipment. A. L. A. 1927. (Manual of library economy xi)

Eastman, W. R. Library building of moderate size. L. J. (27) 80 – 81,1902. (suggested plan for small library building).

Edmands,J. Report on library architecture. L. J. 8:

201 – 3 , 269 – 75.

Encyclopeadia Britannica, 14ed. Library architecture, V. 14 P. 25 – 7.

Essentials in library planning. A. L. A. ,1928.

Fostsr, W. E. Report on library buildings. L. J. 23: Conf. No. 13 – 7 ,1899.

Gilchrist, D. B. Some fundamentals in library planning. Medical Library Association Bulletin. N. S. 15: 1 – 8 ,1925.

Green, S. S. Library buildings: Presidential address. L. J. 16: Conf. No. 1 – 2 ,1891.

Green, E. B. Library buildings, L. J. 20: 865 – 5.

Green, H. R. Planning and construction of library buildings, 7900 – 01 L. J. (25)677 – 682.

Hadley, C. Library buildings, notes and plans. A. L. A. 1924. (Only building costing less than $ 50 ,000 are considered.)

Hadley, C. Library buildings, notes and plans. A. L. A. Chicago, Grafton.

Hadley, C. Some recent feature in library architecture. A . L . A . B. 9: 125 – 8 ,1915.

Hadley, C. Tendencies in library architecture. P. L. 21: 112 – 6 ,1916.

Hamlin, A. D. F. Library architecture abroad. L. J. 31:710 – 5,1906.

Hamlin, A . D. F. Views of a consulting architect. L. J. 31: c57 – 62. Aug. 1906.

Harris, W. J. Suggestions on the planning of an ideal library: An utopian forecast. L. A. 5: 86 – 9, April, 1906

Hawkins, W. G. Some points in the upkeep of library buildings. L. A. 10: 170,1913.

Henry, E. A. Some fundamentals in planning in library building, In college and reference library yearbook, No. 3, P. 100 – 09, A. L. A. 1931.

Hill, F. P. Library buildings – some perliminaries. L. J. 24: 563 – 9,1899.

Hirshberg, H. S. Elements of the library plan. A. L. A. , 1930. (Mannal of library economy x.)

Hopkins, A. H. Building plans are misleading. P. L. 9: 15,1904.

Hutchins, F. A. Evolution of library buildings. W. L. B. 2: 57 – 8,1906.

Koopman, H. L. Flexibility vs rigidity in library planning. L. J. 56: 105 – 7 Feb. 1,1931.

Lamm, E. N. Suggestions on library building. P. L. (6)

610 – 613 , 1901.

Larned. J . N. Report on library architecture. L. J. 12: 387 – 95 , Discussion 442 – 5 , 1887.

Leland, S. E. The financing of library construction through bond issues. L. J. V. 55 #2 , 1930.

Lister, J. W. Library oversight. L. W. 9 : 102 – 4 , Sep. 1906.

Lowe, J. A. The public library building plan. A. L. A. , 1924. Reprinted from The Architectural Form, 40: 1 – 6 , 63 – 70 , Jan. and Feb. 1924.

Lowndes, W. S. Builders' blue prints, how to read them. Scranton, International Text Book Co. , 1924.

Magnusson, E. Spiral library buildings, 1886. L. J, (11) 331 – 339 , Discussion 359 – 363.

Mccomb, O. Q. Faithful in that which is least. L. 35: 190 – 92 , May, 1930.

Munthe, W. and Pendleton O. W. tr. Modern American library building. L. A. R. V. II, Sep. – Dec. 1932.

Munte, W. Modern American library buildings. L. A. R. V. 2 , Aug. , 1932.

Paris, W. F. The house that love built. 91p. Haddon Press. 1925.

Partridge, W. I. Architectural competitions for library

building. L. J. (29)413 – 15,1904.

Paterson, N. J. Danforth memorial library building. L.
J. 30:409 – 11 . Jl. , 1905.

Patton, N. S. Library architecture. P. L. (6) 200 –
204,1901.

Pendleton, O. W. Modern American library buildings.
L. A. R. V. II P. 238. Aug. , 1932.

Peplow, F. J. Library planning. L. A. R. (11)419 –
420,1909.

Pite, B. Library architecture from architest's stand-
point. 2nd. Int. Conf. 106 – 10, Discussion, 240 –
1,1897.

Pite, B. Architecture for libraries. (Laurentian Library)
L. (N. S.) ,1:326 – 37,1900.

Poole, W. F. Library architecture. L. J. , 13 : 204,
1888.

Poole,W. F. Progress of library architecture. L. J. (7)
130 – 135, Discussion, 196 – 197,1882.

Poole, W. F. Construction of library buildings. L. J.
(6)69 – 77,123 – 126, 1881.

Porter, W. T. Library buildings and their use. P. L.
13:271 – 4,1908.

Prendergast, F. E. Suggestion for library architecture.

L. J. 10:35 ,1885.

Randall, W. M. The college library building. P. 123 –
29 ,1932.

Recent library building. P. L. 11 : 395 – 412, Jl. ,
1906.

Redway, J. W. Dust problem in public libraries. L. J.
45: 347 – 9 ,657 ,1920.

Richardson, A. E. Library architecture. L. A. R. V.
1 ,P. 87 – 97 ,1923.

Sherman, C. E. A branch building program in provi-
dence, L. J. V. 55 ,#2 ,P. 58 ,1930.

The Snead and company iron works, incorporations, li-
brary planning, bookstacks and shelving, with contri-
butions from the architects' and librarians' points of
view. Jersy City, N . J. Author, 1915. Gratis. New
edition in preparation.

Soule C. C. Points of agreement among librarians. L . J.
16: Conf. No. 17 – 9 ,1891.

Soule, C. C. Library architecture. L. J. 17: Conf. No.
73 – 5 ,1892.

Soule, C. C. How to plan a library building for library
works. Boston book Co. , 1912.

Soule, C. C. Need of an America library association col-

lection of plans of library buildings. L. J. 31: c45 –
6, Aug. Same. P. L. 11: 429 – 30. Oct. ,1906.

Soule, C. C. How to plan a library building for library
work: review. Libn. 3: 358 – 9; P. L. 18: 65 – 7,
1913.

Stearns, L. E. A bas the library basement. Wisconsin
Library Bulletin. 7: 43, Mar. 1911.

Steele, H. G. Practical library problems. L. A. 10:
194 – 9; L. A. R. 15: 294 – 5, 1913.

Stetson, W. K. Planning for efficiency in library build-
ings. L. J. 367 – 8, Sept. , 1911.

Stetson, W. K. Library building. L. J. 47: 662, Aug. ,
1922.

Stone, Ermine. The junior college library building P. 23 –
31, 1932.

Sullivan, D . E. Library planning in teacher training in-
stitutions. L. Q. V. 2, #1, P. 11 – 41, 1932. (With 11
plate of drawing.)

Tilton, Edward. L . School libraries. L. J. V. 55, #6, P.
250, 1030

Tilton, E. L. Library planning. Architectural Forum,
47: 497 – 506; by an architect who has planned many
fine libraries. Also in essentials in library planning.

Tilton, E. L . Scientific library planning. L. J. 36: 497 – 501.

Tilton, E. L. and others. Essentials in library planning. A. L. A. 40p. 1928.

Tweedell, E. D. Floor Coverings. Illinois Libraries, 4: 154 – 56, Oct. 1922.

Utley, H. M. Report on library architecture. L. J. 15: Conf. No. 12 – 4, 75 – 85.

Utley, H. M. How to plan a library. L. J. (42) Conf. No. 21 – 22, 1899.

Van Name, A. Report on library architecture. L. J. 14: 162 – 74, 1889.

Walter, F. K. College and university library. A. L. B. 24: 433, Sept. 1930.

Walter, F. K. Recent college and university library buildings. L. J. 54: 585 – 8 July, 1929.

Warner, G. Notes on the architecture of libraries. P. L. 6: 607 – 9, 1901.

Warner, Frances and Brown, C. H. Some fundamentals of College and university library building. L. J. 53: 85 – 87, Jan. , 15, 1928.

West, T. H. Report library architerture. L. J. 19: Conf No. 96 – 100, 1894.

Williamson, M. F. Suggestions for library architecture. P. L. (16)385 – 7,1901.

Wyer, J. I. Library planning. L. J. 39: 747 – 52 ; N. Y. L. 4: 130, 134 – 9,1914.

Yust, W. F. Don't in library planning. N. Y. L. 11: 163 – 66,Feb. , 1929.

Yust, W. F. Follies in library planning. L. J. V. 51,# 18,P. 901,1926.

Yust, W. F. A book on library buildings. L. J. V.49, #16,P. 777,1924.

Utley, H. M. How to plan a library. L. J. 24, Conf. No. 20 – 2,1899.

支馆建筑

Almirall, R. F. Design and construction of branch library buildings. L. J. 31: Conf. No. 46 – 9, 1906.

Yust, W. F. Recent tendencies in planning and architecture of central library building. L. J. 55: 903 – 7, No. 15,1930.

委员会与图书馆

Architects who have designed public libraries. Libraries

museums and art galleries. yearbook. 1910 – 11: 54 – 8,
1911.

Brett, W. H. Library architecture from the librarian's
point of view. L. J. 31: Conf. No. 49 – 52, 1906.

Burgoyne, F. L. Library architecture from librarian's
standpoint. 2nd. Int Conf. 103 – 5, Discussion, 239 – 7,
1897.

Dudley, C. R. Report of committee on architectural,
A. L. A. B. 1: 129 – 21, Jl. 1909.

Fletcher W. I. Architects and librarians. L. J. (18)
338 – 40, 1888.

Green, E. B. Library architecture from the architect's
standpoint. P. L. 589 – 602, 1901.

Hamlin, A. D. F. Views of a consulting architect. L.
J. 31: Conf. No. 57 – 62, 1906.

Mauran, J. L. Relation of architecture to librarian L. J.
26: Conf. No. 43 – 6; P. L. 5: 475 – 7, 1900.

Librarians and architects. P. L. 13: 3, 1908.

Otis, W. A. Library buildings from view point of archi-
tects. P. L. (7) 202 – 207, 1903.

Patton, N. S. Architects and librarians. L. J. (14) 159
– 62, 1889.

Soule A. G. Architects and librarians. L. J. 13: 338,

1889.

Stansbury, A. L. Librarian's standpoint. P. L. 01: 495 – 9, Nov. 1906.

Warner, C. C. and Spencer, A. P. Views of trustees regarding library construction. Ia. L. C. Q. 4: 23 – 6, 1924.

暖气　通风　光线

Bawker R. R. and Phelps. E. A. Heating. A. L. A. B. (1) Conf. No. 121, 1907.

Brown, J. D. Library lighting. Libn. 1: 194 – 6, 1911.

Church, A . J. Gas light and binding. L. J. 3: 64, 1878.

Cooper, T. E. Sites and their values. Libn. 2: 102 – 4; Oct. 1911.

Darch, J. Library lighting. Libn. 198, 227 – 31, 1911.

Dewey, M. Heating libraries. L. J. 6: 93 – 6.

Holt, H. G. Fire protection in buildings: a review. Libn. 4: 68 – 9, 1913.

Fletcher. W. I. Proper lighting of library room. L. J. 15: Conf. No. 9 – 11, 1890.

Fourteen points of ventilation and lighting. L. J. 53:

92, Jan. 15, 1928.

Greenhough, W. H. Ventilation, heating and lighting. P. L. V. 2, P. 425 – 426, 1890.

Hadley, C. Some recent features in library architecture. A. L. A. B. 9: 125 – 8, 1915.

Hart, J. W. Heating, lighting and ventilating of public libraries. Greenwood's Yearbook: 38 – 44.

Heating. Model questions and their answers. Libn. 1: 191, 253 – 4, 1911.

Jast. S. L. Library lighting. Libn. 1: 106 – 8, 1911.

Lincoln, D. F. Ventilation of libraries. L. J. 4: 254 – 7, Discussion, 292, 1879.

Light. New International Encyclopeadia. V. 11, P. 233.

Lighting; model questions and their answers. Libn. , 1: 127 – 8.

Marks, L. B. Library lighting. A. L. A. B. 3: 5 – 6, 1909.

Morrison, R. F. Determining proper air condition for libraries. L. J. 55: 857 – 58, Nov. 1, 1930.

Patton, N. S. Heating, ventilation and lighting of libraries. U. S. R: 718 – 24, 1892.

Philip Lighting, heating and ventilation of libraries. L. A. R. V. 9, 1907, P. 226 – 230.

Ranck, S. H. Fourteen·points on ventilation and lighting. L. J. V. 53, #2 1228, P. 53 – 92.

Regulation of heat in libraries. L. J. 11: 365.

Scientific library lighting. P. L. 16: 301 – 2, 1911.

Standard specification for the ventilation and heating of library buildings. L. J. 37: 455, 1912.

Ventilation of reading rooms. L. 9: 88, 1897.

Walter Interior decoration of libraries. L. A. R. V. 10, P. 649 – 659, 1908.

Wilcox, F. W. and Wheat, H. C. Modern methods of indirect lighting. Libn. 3: 300 – 33, 48 – 51, 407 – 10.

各部布置

杜定友　学校图书馆学　第四节　设备　46 – 52 面
　　第六节　布置　54 – 58 面

Eastman, M. R. Library building and relations of different departments. P. L. 6: 474 – 5, 1901.

Gerauld, J . T. , Departmental library. L. J. 26: Conf. No. 46 – 9, 1901.

Harris, W. J. Planning and arrangement of a public library . L. A. 4: 83 – 6, 1904.

Patton, N . S. Development of public libraries. Illinois
Western Architecture, 11: 67 – 9, Je. , 1908.

Rooms, building and fixtures. Delaware. L. C. Hdbk:
39 – 62, 1904.

Soule, C. C. Library room and building. (L. A. T. No.
4.) A. L. A.

Ranck, S. H. The use of the library lecture room. L. J.
36, #1, P. 9 – 14, 1911.

Turnbull, T. E. Reference library: Plan and arrange-
ment. L. W. 10: 37 – 60, 1907.

Webb, A. Newsroom methods. L. W. (10)318 – 319,
1908.

书　　库

杜定友　国立中山大学　本馆建筑临时书库计划书
中山大学图书馆周刊　V. I, 1 期 1 – 13 面　民
国十七年。

Bishop, W. W. Estimating the necessary seating capac-
ity of the reading room. L. J. 45: 732 – 4, 1920.

Book shelving. L. J. 55: 212 – 13, Mar. 1, 1930.

Carney, F. Problem of the shelf department. L. J. (33)
436 – 437, 1708.

Denne, G. E. Show cases for books. L. W. 10: 70 – 1, 1907.

Dewey, M. Size versus decoration. P. L. (7) 121, 1902.

Dewey M. Capacity of book stacks. P. L. 7: 28 – 9, 1902.

Eastman, W. R. Bookstacks in theory and practise. L. J. 41: 235 – 8, 1916.

Green, B. R. Library buildings and of book stackes. L. J. 31: Conf. No. 52 – 6, 1906.

Keen W. W. Library book stacks without day light. P. L. 14: 290 – 1, 1909.

Mauran, J. L. Housing of books. P. L. 6 : 603 – 6, 1901.

Smither, R. E. Methods of book storage. L. W. 14: 260, 1912.

Soule, C. C. Shelves around reading rooms. P. L. (14) 134, 1909.

Woodbine. H. Essay on modern methods of book storage, L. A. R. 12: 452 – 3, 1910.

估　　价

Henry, W. E. Comparative cost of library buildings. P.

L. 8:64 − 7,1903.

美　术

Beautiful building and its contents. P. L. F. 14:60 − 2,
1909.

Commercial art library of Daprato Slutuary Co, devoted
to books on christian art. L. 33:336 − 7,Je.,1928.

Dewey, M. Size versus decoration. P. L. 7:121, 1902

Discussion on Messrs. Walter and Grinling's paper on
"Interior decoratoin of libraries." L. A. R. 10:564 −
6,1908.

Hawkins, W. C. Some points in the upkeep of library
buildings. L. A. 10:171,1913.

Traquair, R. Library of the fine arts. L. J. 54:283 − 7,
Ap. 1,1929.

Walter, W. Interior decoration of libraries. L. A. R. 10
:648 − 59,1908.

大学校图书馆建筑

Ittner, W. B. Sketch plan for a university library. L. J.

13: 10 − 1, 1888.

Stanley, H. M. University library buildings. L. J. 14: 264 − 5, 1889.

小图书馆设计

Bluemner, O. Planning for small library buildings. P. L. 3: 3 − 4, 1898.

Poole, W. F. Small library buildings. L. J. 10: 250 − 6, 328 − 35, 1885.

Winsor, J. Small library buildings. L. J. 13 : 279, 1888.

Wright, P. B. Buildings for small libraries. Ia L. C. Q. 3: 29 − 31, 1903.

儿童室

Ballinger, J. Children and public libraries. Greenwood's Yearbook: 46 − 52, 1900.

Patrick, M. L. Decoration of children's room in public libraries. Mass. Lib. club. Bull. 6 : 48 − 9; Am. Lib. Annual, 1916 − 17: 41 − 2, 1916.

地　　板

Beer, W. Library floors and floor covering. L. J. 19: Conf. No. 100 − 1 ,1894.

Carr, H. J. Fixtures, furniture and fittings. U. S. Rept: 741 ,1892 − 3.

Cleaning and care of floors. Am. Lib. Annual, 1917 − 18 ;24 ,9917.

Floor L. J. 41: 843 − 4 ,1916.

Floor and floor covering. A. L. A. 1916 − 17: 55 ,1916.

Floors——Sawdust cement preparation for floors. L. J. 41: 853 − 4 ,1916.

New floor substance. P. L. 16: 435 ,1911.

Sauyer, H. P. Question about cork carpets. W. L. B. 5: 15 ,1909.

Smith, M. A. Care of cork carpets. W. L. B. 12: 216 − 7 ,1916.

日文建筑学书目

建筑学会编　英和建筑语汇　价 2. 80　送 . 14

Gakutu Maruzen co.

瓜生康一著　实用铁筋混凝土计算法　价2.00　送.10

矢岛济著　铁筋混凝土计算及其质料　价3.50　送.14

山内喜之助著　基础工学　价3.80　送.14

和田万吉著　图书管理法大纲　第四章　图书馆与建筑

滨田稔,渡边要合著　建筑材料学　价6.30　送.22

家具写真集成3　椅子　桌子2　价一圆　送十钱

大泽一郎,樱井省吾,山际满寿一共著　暖房换气工学　价3.80　送.14

加籐顺吉著　铁筋混凝土之配合法　价.50　送.04

堀紫朗著　最新建筑施工法　价4.50　送.10

中村达太郎著　换气暖房与计算必携　价1.70　送.08

日比忠彦著　铁筋混凝土与理论及其应用　价上10.　中10.　下8.　送.22

田中大作著　铁筋混凝土计算论　价3.50　送.14

阿部美树志著　铁筋混凝土工程学论编　价5.50　送.22

184

长译荣作著　铁骨建筑构造阶梯　价 3.50　送 .14

关重广著　照明学　价 3.50　送 .14

田原碧编　铁筋混凝土之构造　价 4.00　送 .10

各种家具设备

顾海　木材防腐研究　建筑月刊　创刊号

沈学植　图书馆的用品　图书馆学 ABC　第七章第
　101 面

邢云霖　图书馆家具之研究　文华图书科季刊

赵福来　图书馆精美家具之制造　文华图书科季刊
　又图书馆家具尺度之标准　同上

Adams, M. B. Public libraries, their building and e-
quipment: a plea for state aid. L. A. R. 9: 161 – 77,
220 – 36. Apri. – May, 1905.

Adams, M. B. Public libraries; their building and e-
quipment. L. A. R. 7: 220, 1905.

Acland, Sir H. W. Radcliffe iron book – cases. L. A.
Trans. 1: 75.

Adams, M. B. Public libraries: their building and e-
quipment. L. A. R. 7: 177, 7: 234 – 6, 7: 226 – 9,
1905.

Anderson, E. H. Planning and equipment. L. J. V. 27.

P. 38, 1902.

Berry, S. H. About reading room tables. L. J. 27: 82 – 3, 1902.

Bishop, W. W. Estimating the necessary seating of the reading room L. J. 45: 732 – 4, 1920.

Book deliveries. L. J. V. 55, #5, P. 214, 1930.

Book shelving. L. J. V. 55, #0, P. 212, 1935.

Brown, J. D. Library appliances; equipment of libraries, including fittings and furniture, London. 1892.

Building. Library building and equipment. Cahp. 4 P. 186 – 198 A Survey of libraries in the United States.

Bulletin boards. L. J. V. 55, #5, P. 211, 1930.

Burnite, C. M. Table for the reading use of boys and girls. L. J. 41: 217 – 8; A. L. A. 1916 – 17: 104 – 5, 1916.

Building and furnishings. W. L. B. 3: 25 – 6, 1907.

Brown, J. D. Racks and stands for periodicals and newspapers. L. 3: 383 – 6, 1891.

Building bookshelves around a window. House beautiful, Je. P. 473, 1932.

Carr, H. J. Counters and delivery desk. U. S. R: 738, 1892 – 3.

Chairs. L. J. V. 55, P. 207, 1930.

Champneys, A. L. A treatise on their design, construction and fittings. London. Batsford, 1907.

Clark, J . W. Evolution of bookcases. L. A. R. 57: 55 – 8 ,7: 161 – 77 ,120 – 36 ,1905. Public libraries, thier building and equipment.

Cutter, C. A. Library furniture, fixtures and appliances. L. J. 21: Conf. No. 127 – 9 ,1896.

Dana, J. C. Library primer. Chap. 8. Room, buildings, fixtures, furniture. P. 28 ,1920. Library Bureau, N. Y.

Dewey, M. Capacity of book stacks. P. L. 7 : 28 – 9 , 1902.

Dyer, W. A. The classic factor in furniture design. The Architectural Record. V. XLVII ,P. 357 ,1920.

Eastman, L. A. Library equipment. P. L. 16 : 344 , 1911.

Equipment problem, L. M. D. Trask ,Special Lib. 23: 161 – 3 ,April. 1932.

Erskine R. C. How to recognize good furniture il. Am. Home, 3: 558 ,Mar. 1930.

Peacock, M. B. Furniture, fitting, building and arrangement.

Stearns, L. E. Supplies for 1000 volume library.

Dana, J. C. Rooms, building, fixtures, furniture.

Burgoyne, F. J. furniture and appliance.

A. L. A. Library building and equipment.

Eastman, L. A. Furniture, fixtures and equipment A. L. A. 1927.

Stearns, L. E. Address of library supply house.

Stearns, L. E. Furniture and fixtures.

Severance, H. C. Equipment and supplies.

Stewart J. D. Equipment.

Plummer, M. M. Rooms and fixtures.

Gilman, B. I. Museum fatigue. Scientific monthly. 2: 62 – 74, 1916.

Henry, W. E. Discipline and furniture: Stationary tables and chairs. P. L. 19: 238 – 11, 1914.

Horrocks, A. J. The building of fine library furniture. L. J. V. 55 #5, P. 202. 1930.

Kee, W. W. Library book stack without daylight. P. L. 14: 190 – 1, 1909.

Kennedy, H. T. Library equipment and furniture. L. J. 50: 159 – 62, F. 15 '25.

Book shelving. il. diags. L. J. 55: 212 – 13, Mar. 1, 1930.

Chairs for library use. il. L. J. 55: 207 – 10 Mar. 1,

1930.

Delivery desks. Webb. W. L. J. 55: 199 – 202 , Mar. 1 , 1930.

Lockart, G. E. Modern college and university library e- quipment. il. L. J. 55: 204 – 7 , Mar. 1 , 1930.

May, W. Improved form of book shelving for branch li- braries. L. 8: 255 – 9 , 1896.

Peck, A. L. Economical furniture and fittings. N. Y. Libraries, 1: 41 – 2. Jan. 1908. (suggestion on book stacks delivery desks, charging trays, chairs and ta- bles, etc.)

Peck, A. L. Economical furniture and fittings. N. Y. L. 1: 41 – 2 , 1907.

Poole, W. F. Why wood shelving is better than iron. L. N. (N. S.) 2: 95 – 7 , 1887.

Pond, M. E. Cleaning library furniture. W. L. B. 10: 119 , 1914.

Shelves. L. J. 13: 367 , 1888.

Smither, R. E. Modern method of book storage: stack system. L. W. 14: 261 – 2 , 1912.

Soule, C. C. Shelves around reading rooms. P. L. 14: 134 , 1909.

Specimen illustration of various styles of bookcases. P.

L. 1: 126, 1896.

Stetson, W. K. Shelf pins and some other devices. L. J. 44: 465, 1919.

Truax, T. R. Why modern furniture is veneered. il. Good House. 88: 52, Mar. 1929.

Walter, F. K. Library furuiture specification. L. J. 50: 159 – 62. Feb. 1925.

Webb, W. Delivery desks. L. J. V. 55, P. 199. 1930.

Wyer, J. I. Objections to metal furniture. L. J. 37: 328, 1912.

Yust, W. F. Ten commondatients of library furniture. Libraries. 31: 267 – 9, Je, 1926.

New International Encyclopeadia. V. 11, P. 232 – 33, 1903.

用　　品

Dictionary for library supplies. P. L. 14: 510 – 2, 1908.

Jenkins, F. W. Library supplies. P. L. 18: 432 – 4.

Library paste L. J. 40: 456.

Library supplies. L. O. 5: 418 – 21, 1920.

Sawyer, H. P. Shellac for labels. W. L. B. 3: 97, 1907.

Stetson, W. K. Typewriters in libraries. L. J. 25: 104.

Supplies. L. 8:574 – 5;9:35, 1897.

Supplies for small library. N. Y. L. 2:244.

Testing of materials and supplies for libraries Report of
A. L. A. committee on library administration. A . L.
A. B. 10:346 – 8, L. J. 41:585 – 9. 1916.

Typewriters in libraries. L. J. 10:320 – 1,1885.

建筑图样

Building of public libraries. L. W. 7: 235 – 6 Mar.
1905.

Warner, F. Some fundamentals of college and university
library buildings. L. J. 53:85 – 7 Jan. 15,1928.

Tilton, E. L. Architectual of the small library. P. L.
16:341 – 3, Oct. 1911.

Sprague, J. H. The Sprague branch of the public library
of Sale Lake City. L. J. V. 54 No. 13 P. 588 1929.
(Branch library)(With plan).

Smith, C. W. Public library plans. 1904. L. J. (29)
533 – 537.

Rogers, G. B. Mobile public library; arch; view and
floor plans. Arch. (N. Y.) 61:357 – 8, Je. 1930.

Patton, N. S. Designing of a college library. 1907. A.

L. A. B. (1) Conf. No. 270 – 274.

Patton, N. S. Designing of college library. A. L. A. B. 1: 270 – 4. Jl. 1907.

Offer, R. Planning of university library buildings. (Library Association Record. Mar. 1929. 7: 1 – 11)

Mudge, I, G. Bryn Maur College Library. L. J. 31: 770 – 1. N. 1906.

Mierow, C. C. The library building for a liberal arts college [Pictures and plans]. Association of American Colleges Bulletin. April, 1928 , 14: 198.

Marvin, C. Small library building; a collection of plans, 102p. A. L. A. 1908.

Lowe, J. A. Rural library building. Architectural Record 46: 451 – 6 , Nov. 1919.

Lowe, J: A. Public library building plan. L. J. 49: 283 – 6 Mar. 15 , 1924.

Little, G. T. Library building for a small college. L. J. 28: 290 – 2. 1903.

Klauder, C. L. and Wise, H. C. College architecture in American ant its part in the development of the campus N. Y. Scribner. 1929.

James Millikin university library, Decatur, ill. il. plans. L. J. 57: 294 – 5 Mar. 15 , 1932.

Himmelwright, S. Aliquippa's beautitul library. L. J. V. 54. No. 13' July, 1929. (Public library.) (With 2 plans.)

Hare, H. T. Suggestions on the planning of Public libraries. Lib. A. R. 8: 148 – 54. April, 1906.

Hamlin, A. D. F. Architectural program for Brooklyn central library building. L. J. 31: 772 – 2. N. 1906.

Gould, J. C. Planning of libraries 1902. L. W. (5) 60 – 61, 124 – 125.

Farley, C. New library building at Radcliffe college. L. J. 33: 440 – 1. N. 1908.

Designing of libraries. L. J. 53: 140, Feb. 1. 1928.

Coulson, Situation of Branch libraries. L. W. V. 12, P. 201 – 4. 1909 – 10.

Coolidge, J. R. Architectural character of small libraries. 1911, P. L. 16: 119.

Cooper. T. E. Plan. il. Librarian. 2: 146 – 7. 187 – 9, Nov. – Dec. '11.

Chatham, N. J. Practical small library building. L. J. 50: 133 – 4, Feb. 1, 1926.

Clude, L. W. Recent developments in small library design. W. L. B. 4: 9 – 11. Jan. 1908.

Burgoyne, F. J. Library planning. L. A. R. 8: 178 – 86,

May. 1906.

Blakely, B. E. New library building of Mount Holyoke
College. L. J. 31: c62 – 4. Aug. 1906.

Almirall, R. F. Design and construction of branch li-
brary building. L. J. 36: c46—9. Aug. 1906.